北京の家庭料理 春

緑一色の春野菜のあえもの

新茶のスペアリブ蒸し

たけのことそら豆の冬越し漬け物の炒めもの

千切りキャベツと新玉ねぎ、貝のスープ

夏

にんじんとマンゴーのサラダ

夏野菜の煮物

とうもろこし、枝豆、ベーコン入りのチャーハン

野菜カレー&果物カレー

秋

えび、エリンギ、ぎんなんの炒めもの

きのこ鍋

黒米と栗入りの炊きこみご飯

梨とレモンの氷砂糖煮

冬

れんこんとえのき、カリフラワーのからしあえ

ねぎ、大根、ゆり根、山いもの牛すね肉スープ

白菜、昆布、鶏肉だんごのスープ煮

豆腐、かぶの梅干し炒め

ちくま文庫

北京の台所、東京の台所

中国の母から学んだ知恵と暮らし

ウー・ウェン

筑摩書房

目次

第二章　東京での生活　87

北京の台所、東京の台所

中国の母から学んだ知恵と暮らし

はじめに

「朝、目が覚めて鏡を見たら、そこには昨日までの私とは生まれ変わった、燦然《さんぜん》と輝く私が映っていた」

「朝、目が覚めて鏡を見たら、そこには昨日の私よりほんのちょっとだけ元気そうな私が映っていた」

みなさんなら、この二つのうちのどちらが望ましいと思いますか？

私なら後者。たぶん大方の北京っ子も後者ではないでしょうか。でも、同じ中国人でも上海っ子なら前者と答えるかもしれません。

北京のお正月の縁起言葉に「蓮年有餘《リエンネンヨウユウ》」があります。「去年と今年は蓮の根のように連なり、そこに少しずつ余裕が生まれる」といった意味です。北京っ子はお正月でも「年があらたまるとすべてが変わる」とは考えないのです。この気質はよくいえば堅実、慎重ですが、悪くいえば、保守的、頑迷といえなくもありません。

そんな北京が二〇〇八年にオリンピックを迎えます。一九六四年の東京オリンピックを境に東京は大きく変貌したといわれますが、北京もこれを機に変身するのか。あるいは建物や道路がちょっぴり新しくなるだけなのか。これは北京っ子の私にもわかりません。

この本にはそんないまの北京と、東京のわが家の台所のことを書きました。読者のある方はこの本で、オリンピック以前の東京を思い出すかもしれません。まだある方は北京旅行や、夫の出張の予備知識として読んでくださるかもしれません。北京を留学先と考えている若い読者には、寮のおばさんとの雑談に役立つかもしれませんね。

経済大国の日本と、人口大国の中国の間にはいま、大国同士、譲りあえないことが山積しているようにみえます。そんな状況の中で夫や子どもたちのふるさとの東京と、私のふるさとの北京の関係が、明日は今日よりちょっとだけよくなれたら、そんな願いをこめてこの本を書きました。

お台所を通して見る北京に、少しでも親しみを感じていただくことができるとしたら、私にはこれにすぎたる幸せはありません。

二〇〇四年、アテネオリンピックの閉会式をテレビで見終えて　ウー・ウェン

※本文中及び付録レシピにおける分量について、「小さじ1」は5ml、「大さじ1」は15ml、「カップ1」は200mlとする。

第一章　北京での生活

両親は同じ気象学者、でも、性格は晴れと雨ほどに違う

私は一九六三年十一月、北京の婦産医院で生まれました。父の姓は呉《ウー》、名は高任《カオレン》。南方の古都杭州《ハンジョウ》に近い金華《ジンホワ》市の生まれで、職業は気象学者。私が生まれた当時は北京の中央気象台に勤めていました。母の姓は杜《ドウ》、名は育芝《ユージー》。北京に代々続く絹織物店の一男四女の三女として生まれ、職業は父と同じ気象学者。当時は航空会社の気象情報部門を担当していました。いまは二人とも定年で退職し、いっしょにはじめた趣味の写真や骨董店めぐり、旅行などで、毎日、けっこう忙しくすごしているようです。ちなみに父母の姓が違うのは、中国では夫婦別姓制がとられているから。

私の名のウー・ウェンは日本で仕事をするときにつけたペンネーム、本名は呉雯《ウーウエン》竹《ジユウ》といいます。ペンネームをつけたいきさつについては、いずれあらためてお話しするとして、ここでは名の表す意味について、ちょっとふれておきましょう。

雯竹は父の命名で、雯は雨あがりの空のもっとも美しい様子をさす文字だとか。気象学者の父にとっては、思い入れがいっぱいの好きな字なのでしょう。竹は竹のよう

に天に向かってまっすぐにのびてほしい、という願いをこめたということで、これって完全に名前負けしていると思いません？　でも、私としてはけっこう気に入っている名です。

名前といえば私にはひとつ年上の兄がいます。彼の名は越《ユエ》、姓名にすると呉越。そう、あの呉越同舟の呉越です。

昔、中国に呉と越という大国があって、敵対しながら天下を二分していました。あるときたまたま一隻の舟に両方の兵士が乗り合わせたところ暴風にあい、互いに力をあわせて乗り切ったという故事があります。以後、呉越同舟は、敵味方が共通の困難に対して協力しあうことを意味するようになりました。ともあれ父は息子の名にスケール大きく天下を二分する大国の名をつけたのですから、名前負けという点では彼のほうが気の毒かもしれません。

兄は私が生まれる少し前に父の実家に預けられて、以後、高校のころまで別々に育てられました。乳飲み子ふたりを育てるには時代が悪すぎたのです。

さて、こうした名づけ方からもわかるように、父はなにごとにも大げさで謹厳実直。まさに生真面目を絵に描いたような人。日本の俳優にたとえると、笠智衆《りゅうちしゅう》さんからひょうひょうとした感じをとったような人、とでもいえばいいのかしら。いまでも手紙は毛筆でびっしりと美文調で書いて寄こすものですから、中国語を一応はこなす夫も解読不能で「で、結局なんて書いてあるの」とお手上げです。

母はこんな父とはまるで正反対。社交性に富み、朝は早くから太極拳や気功に出かけ、昼は大学の同窓会の役員から近所のボランティアにまで幅広く顔を出し、でも、家のこともきちんとこなします。手紙も簡単明瞭で、夫にも読めるようにと小学生レベルの文章で書いて寄こします。なにごとにも臨機応変で、底ぬけの楽天家なのです。

私の生まれた年の一九六三年は日本では東京オリンピックの前年にあたり、近代化に向けて一気に加速していった時代でした。でも、中国では建国十四年目、近代化とはほど遠い農業や工業に行きづまりがみえ、世の中は三年後に起こる文化大革命を予感させる混沌とした時代でした。

これからお話しする、私の北京での幼少期については、こうした中国の時代背景を欠かすことができません。ですから、ここではひとまず当時の中国について、簡単に説明しておくことにいたしましょう。

私の生まれた中国は、こんな時代だった

一六四四年、明王朝が崩壊して清王朝が興り、中国全土を支配しました。清王朝は約二百七十年続くのですが、一九一二年、中華民国の成立とともに崩壊します。やがて中日戦争、国民党と共産党の内戦をへて一九四九年十月、毛沢東をリーダーとする中華人民共和国、略して中国が誕生しました。

新中国の最初の課題は戦後の飢えからの脱却で、それは農業の振興からはじまりました。生産性をあげるために大勢がいっしょに畑を作る集団農法がとられ、当初はそれなりに成果をおさめていました。人々は以前のように飢えることはなくなり、一定の生活水準が保たれるようになったのです。

ところが五九年から六一年にかけて、三年続きの強烈な日照りと干ばつが中国全土を襲います。やっと整備されかけた農業は、これによって壊滅的な打撃を受けました。建国以来、遠ざかりつつあった飢えの時代が、ふたたび戻ってきたのです。そんな苦難の時代は、政治にも変化をもたらします。

五九年、リーダーの座を毛沢東から受け継いだ進歩的な劉少奇と、隠然と権力の座を保っていた毛沢東の抗争です。私の生まれた一九六三年から四年にかけては、ちょうどこの二人が水面下で激しく争っていた時期でした。しのびよる飢えと一枚岩だったはずの毛沢東のリーダーシップのかげり、時代はやがて毛体制の復権を賭けた未曾有の混乱の時代——無産階級文化大革命、略して文革の時代へと一気に走りだします。

文革は六〇年代のはじめ、進歩派が毛沢東政策を文芸作品で批判したところからはじまりました。つぎにその批判に対して毛派が強烈な巻き返しをはかり、そうした文芸作品を中国に害をなす古い思想と決めつけました。これはさらに古い文化、風俗、習慣の破壊へとエスカレートしていきます。おりしもこのころの中国は、建国以来の友人だったソ連(いまのロシア)との関係が悪化しており、また六五年のアメリカの北爆によってベトナム戦争がはじまるという、国際的にも緊張を強いられた時代でした。

一九六六年、私が三歳だったこの年、毛沢東の号令のもとに引き起こされた文化大革命は、あっというまに科学をはじめとする、あらゆる既存のジャンルの学術、教育、文芸を社会に害をなす元凶として破壊していきます。破壊を実行するのは毛沢東に煽動された、学問や経験の未熟な青少年少女たちの集団、紅衛兵《こうえいへい》です。紅衛兵たちは毛沢東語録の赤い表紙を振りかざし、市中の民家に押し入り、経験豊かな市民を引きずり出して自己批判をせまり、裁判をして理由のない罪をかぶせ、更生をはかるという名目で農村に追いやりました。

私が小学校にあがった六九年ごろにピークを迎えていた文革の嵐は、その後、じょじょに静まりをみせはじめます。それとともに長い間、閉鎖的だった外交方面にも、開放的なきざしがみえるようになりました。七一年には国連で代表権が承認され、七二年にはニクソンが訪中して中米共同声明を発表。その年の九月には田中角栄首相と中日国交正常化宣言がなされ、七四年には大平正芳外務大臣と中日貿易協定が調印されました。私が小学六年生のときのことです。

こうしてゆっくりであるにはせよ国際化、近代化に向けて歩みはじめた中国は、七六年の周恩来総理、毛沢東主席の相次ぐ死とともに、十年間続いた文革の時代に幕をおろします。とはいえそれは政治の世界でのこと。市民生活での回復には、さらに何年も、何年もの時間がかかりました。いや、いまだに回復しきれていないこともたくさんあります。それはたとえば、破壊されたたくさんの歴史的建造物や文物、後遺症として残る体や心の傷などです。

いまでもたまに露店で昔の絵皿にいちめんに白いペンキをぬって、単に昔、描かれたというだけの絵を隠しているきずだらけの皿をみることがあります。そんなとき私は迷わずその皿を買い、家に帰ってペンキをそっとはがします。ペンキの下から現れる、なんということのない風俗画や花の絵を見ていると、たとえ一枚の皿にせよ、あの苦難の時代を必死に生き抜いてきた辛苦がしのばれて、とてもいとおしく思われるのです。

私は新しい創作料理もきらいではありませんが、古い北京の料理にことさら愛着をもつのは、こうした育った時代の影響によるところが大きいのでしょう。

祖父母の家にお引っ越し

現在の中国では、女性は男性と同じようにすべて仕事をしています。これは結婚しても変わりません。育児と家事だけに専念する、いわゆる専業主婦は基本的にはいません。

家庭の日常の家事は男女に関係なく、時間の都合のつくほうか、得意なほうが担当します。晩ごはんなら買い物や支度は先に帰るほうがするとか、奥さんよりは夫のほうが料理がうまければ夫がするというように。ですから、夕方のスーパーの食料品売り場に行くと、女性客と同じくらい男性客がいて、あれこれ品定めしているのを見かけます。これは中国ではごくふつうの光景なんですね。

出産をすると、母親には半年の産休が認められます。半年という期間がお母さんと赤ちゃんにとって、適切かどうかというのは意見のわかれるところでしょうが、母親といえども必ず仕事を続けていくという体制では、産休の短いのは悪いことでありません。それでも、この半年というのは一九七九年にはじまった一人っ子政策からのことで、私が生まれた一九六三年のころの産休は五十六日だったそうです。母は私を産んでから五十七日目には、仕事に復帰しなくてはなりませんでした。

母親の仕事への早期復帰と、保育園の完備とは一体です。お母さんが働きはじめる日になると、子どもは自動的に保育園に入園するのです。ただ、おじいちゃん、おばあちゃんのいる家庭では保育園に行かせずに家で育てることも多く、親としてはそのほうが安心できるということもあります。母も私を連れて母の実家の祖父母の家に移り住みました。当時、私の生まれた家は北京の西側にあり、祖父母の家と母の勤務先は東側にあって、通勤に便利ということもあったようです。

私の場合、授乳は人工栄養だったので問題はありませんでしたが、母乳の場合は早めに断乳し、ミルクに切りかえてしまいます。また、いまは保育園が仕事場内に設置されている会社も多くあります。

ところで、保育園と幼稚園という名称は中国にもあります。ただ日本と違うのは中国では保育園と幼稚園は通う子どもの年齢の違いでわけられていて、〇歳から入園するのが保育園、三歳になると通うのが幼稚園になっています。保育園も幼稚園も働く親のためにあるもので、子どもの教育のためにある日本の幼稚園のようなものは中国にはありません。私は日本の保育園と幼稚園の区別を知りませんでしたから、三歳になった長女を幼稚園に入れようと夫が言ったとき、それはてっきり三年保育の保育園のことと思いこんでいました。ですから、いざ入園となって、九時に送りとどけたのに十一時にはもうお迎えに行かなくてはならないし、食事も出ないと知ったときは、とてもびっくりしました。

さて、母と私が移り住んだ祖父母の家は北京の伝統的な四合院《スーハーユアン》でした。四合院というのは四方を四棟の建物で囲み、中央に中庭をもつ家のことです。中庭には大きな常緑樹が一本植えられていて、夏には涼しい木陰を作ります。主人の寝起きする母屋は奥まった南向きの部屋ときめられていて、祖父母はそこでのんびりと暮らしていました。私は以後、小学校にあがるまでの数年間を、ほとんどこの家で祖父母とすごすことになります。

祖父は何代もつづいた老舗の絹織物店の経営者で、若いころはドイツに留学していたこともあったとか。家のなかには美しい陶器の西洋人形が飾ってあったのを覚えています。店の経営権は建国時にすべて国に買い上げられていたため、そのころは一日中、本を読んで静かにすごしていました。

祖母は清朝末期の一九〇〇年の生まれで、当時の女性のほとんどがそうであったように、読み書きができず、纏足《てんそく》でした。纏足というのはいまの若い人にはちょっと理解できないかもしれませんが、女の子の足の指を三、四歳のころから折り曲げて布で包み、足の成長を止めてしまう風習です。纏足の女性は歩くことが容易ではなくなるため、家のなかに女性を閉じこめる手段として伝わってきたといわれます。祖母は纏足の小さな足でヨチヨチと家のなかを歩き、家事をしていました。日用品の買い物は、そのころの北京にはまだたくさんいた物売りですませていました。北京では外を出歩ける女性が少なかったため、行商の物売りが多かったのです。野菜や肉、魚から日用品、お菓子、おもちゃにいたるまで、それぞれ特徴のある売り声が胡同《フートン》とよばれる路地から聞こえてきた記憶が、いまでも私の耳にかすかに残っています。

冬の部屋には、いつも酢とみかんの香りが

近ごろは暖冬異変とか言われて北京の冬も大分すごしやすくなりましたが、私の子どものころは連日、氷点下十度をこえる寒い日が続きました。でも、そのわりに寒いと思った記憶はないですね。それは北京では毎年十一月のはじめから翌年の三月まで、二十四時間スチーム暖房が入り、部屋のなかはとても暖かく快適だったからです。祖母の家のスチームには、いつも、やかんとボールがのせてあり、ボールには酢を混ぜた水がはってありました。酢には殺菌作用があり、スチームにのせておくと蒸発

して空気をきれいにする効果がある、とわかったのは大人になってからのこと、子どもの私は部屋中に漂う酢のツンとするにおいに閉口するだけでした。とくに風邪が流行りはじめたと聞くと祖母は酢の量をふやします。風邪をひかないからと祖母に言われれば仕方ないのですが、それでもこのにおいはいやで、祖母のいないスキをみはからって真水にかえて、知らんぷりをしていることもよくありました。でも、においに敏感な祖母にはすぐにばれてしまい、また酢を入れられてしまいます。

中国の酢はコーリャン、アワ、キビなどの雑穀から作ることが多く、北京に出回っている酢は、いま流行の黒酢よりはやや明るい色でさらりとしてくせがありません。酢は北京酢、上海酢、山東酢、山西酢のように産地によって使う穀物と麴《こうじ》が違ってきます。色は黒酢のように濃い色のものから明るい茶色までさまざまです。

酢には食欲増進や殺菌効果のほか、新陳代謝をよくしたり、体のむくみをとったりする効果もあります。北京っ子は糖醋肉《タンツーロウ》や辣白菜《ラーバイツァイ》のような甘酢味の料理はもちろん、脂っこい肉の煮物のかくし味にしたり、野菜炒めの仕上げにちょっとたらすなどでもよく使います。ですから、北京の酢の消費量は相当なものだと思います。

さて、スチームの上のボールと酢の話に戻りましょう。いま、北京の私の両親の家のスチーム、といっても高層マンションなので、実際にはスチームの形をしたヒーターなのですが、そのスチーム型ヒーターの上には冬になると、加湿のために水を入れたボールがのっています。祖母の家のように、いつでも酢を入れておくということはないのですが、それでも風邪が流行りだしたと聞くと母はすぐに酢を加えます。そして、ボールの隣には食べたあとのみかんの皮が置いてあり、ヒーターの熱で干されてカラカラになっています。祖母もよく、食べ終わったみかんの皮をストーブの上に置いていました。このみかんの皮は陳皮《ちんぴ》と言い、風邪に効く漢方薬としても重宝されています。お風呂に入れると体が温まるし、ほろ苦い風味と香りが楽しめるのでお茶やスープにも使います。

スチームの上の酢とみかんの皮。祖母から母へと続いてきた、北京の冬の情景のひとつです。

●糖醋肉《タンツーロウ》

肉だけの酢豚で、酢をツンとするくらい入れます。豚肩ロースのかたまり肉400グラムを食べやすい大きさに切り、紹興酒としょうゆ、こしょうで下味をつけ、片栗粉をつけて下揚げし、油をきります。炒め鍋に油大さじ1を熱して長ねぎとしょうがの薄切りを炒め、香りがたったら酢大さじ3、砂糖大さじ3、塩小さじ½、しょうゆ小さじ1、水大さじ2、片栗粉大さじ1を混ぜたものを入れて煮立たせ、肉を加えて味をからめます。

●辣白菜《ラーバイツァイ》

北京に伝わる名物前菜。白菜¼株分は芯に近いところを繊維にそって、5センチ長さに千切りにします。塩小さじ⅓を振り、よくもんで20分おいてから、しっかりと水分をしぼります。酢大さじ2、塩小さじ¼、砂糖大さじ1、しょうがの千切り1かけ分を加えてあえておきます。炒め鍋にサラダ油大さじ2を熱し、粗くつぶした唐辛子2、3本を入れて香りをたたせ、白菜に回しかけてあえます。

突然やってきた、祖母との別れ

日本語のおじいちゃん、おばあちゃんには父方、母方の区別はないようですが、中国では父方、母方をはっきりと区別します。父方のおじいちゃんは爺爺《イエイエ》、おばあちゃんは奶奶《ナイナイ》。母方のおじいちゃんは老爺《ラオイエ》、おばあちゃんは姥姥《ラオラオ》。この四人のなかで孫にとっていちばん居心地のいいのは、姥姥ではないでしょうか。こんな言いかたをするとちょっと問題かもしれませんが、姥姥から生まれた母、その母から生まれた娘、その母系の血のつながりには、ちょっと言葉では表現できない甘美なやさしさがあるような気がします。

おばあちゃんという点では奶奶《ナイナイ》も同じですが、息子の嫁の子というところで、やはりちょっと厳しさがあるのではないかと……。私にとって姥姥、つまり北京の祖母との五年の暮らしは、それは限りなく楽しく幸せな五年間でした。

祖母は一九〇〇年の生まれでしたから当時はまだ六十代で、纏足で歩くのは不自由でしたが、てきぱきと家事をこなしていました。若いころは大店の女主人として店を切り盛りしていたという話で、料理はすべてお抱えのコックまかせだったようです。でも、晩年、私に作ってくれた料理は、なんということのない野菜の炒めものにしてもみんなおいしかった。いま私が東京で作っているレシピは母ゆずりのものや、見聞のなかから生まれたものがほとんどですが、料理の仕上がりのイメージみたいなものには、そのころ祖母が作ってくれた、なにかやさしい、おいしそうな感じを表現したいと思うのです。

そんな祖母の一日の唯一の楽しみはお酒でした。昼下がりのひととき、中庭に椅子とテーブルを出し、お気に入りの白酒《バイジュウ》（蒸留酒のこと。アルコール度数は五〇度を超える）の「竹葉青《ジュウイエチン》」を小さな茶碗に注いで一杯だけ飲むのです。おつまみは毎日きまっていて、ピーナッツが十粒ほど。私はこのピーナッツがほしくて、いつも祖母の膝にのって一粒、二粒とわけてもらいます。

祖母はお酒を飲むと必ず、そのまま居眠りをしてしまいます。これが私にとっては問題で、なぜかと言うと、ちょうどその時間になると、お菓子の物売りが家の前を通るからです。祖母に寝られてしまってはお菓子を買ってもらえなくなりますから、寝かせないように一生懸命お話をせがみます。

「ねえ、おばあちゃん、なにかお話しして」

「そうだねえ、おまえは女の子で、女の子は大きくなったらお嫁に行くんだよ。嫁はご主人のいうことをよく聞いて、ついて行くんだよ。嫁鶏随鶏《ジアジースイジー》、嫁狗随狗《ジアゴウスイゴウ》（鶏に嫁に行けば鶏になり、犬に嫁に行けば犬になる）ということわざがあって、これは女の子の運命のことを言っているの。女の子は死ぬまでご主人を支えて、いい家庭を作るんだよ」

私はしばらく考えて、

「それならおばあちゃん、私は鶏になったほうがいいの、犬になったほうがいいの」

と聞くのだそうです。

「私は答えに困ってしまったよ」

と祖母は笑っていたと、これは大人になって母から聞いた話です。

そんな祖母との別れはある日、突然にやってきました。その日、家の門を乱暴にたたく音がしました。祖父が出ていって門を開けると、当時、街にたくさんいた兵隊のような服を着た人たちが大勢なだれこんできたのです。祖母は私を胸に抱きかかえると、そのまま耳を両手でふさぎました。家の中ではなにやら大声で怒鳴る声と、陶磁器や家具の壊れる音が長いあいだ響きわたりました。私は怖くて祖母の胸に顔をうずめてじっとしているだけでした。それからあとのことはあまり覚えていません。たぶん、母が帰ってきて、私を連れて父のいる家に戻ったのでしょう。

祖母とはその日が最後で、その後は会った記憶がありません。母から聞いた話では、あの日、紅衛兵が来て家や家具や飾り物をすべてこわしてしまい、祖父母はその後、すぐに郊外にあった別荘に引っ越したそうです。でも、祖母はあの日の出来事がショックで急性の胃潰瘍《いかいよう》になり、激しい胃の痛みと出血でそれから間もなく死んだということでした。

私はいつも祖母に、

「おばあちゃん、わたしが大きくなったら、おばあちゃんの大好きなお酒をいっぱい買ってあげるからね」

と言っていたと、先日、母から聞かされました。そんなこましゃくれた私のことを祖母は、

「あの子は本当に賢い子だよ。私が眠らないように、一生懸命、私が喜ぶことを言ってくれるんだから」

と言っていたそうです。

祖母は私の下心とか、調子のいい部分を少しも気にせず、ただただ無条件にいい子としてみてくれました。おばあちゃんごめんね。こんど北京に行ったらお墓に竹葉青を持ってお参りにいくからね。

はじめての卵焼き

小学校に上がってからだったか上がる前だったかはっきりは覚えていませんが、母の話では六歳のことだったそうです。その日、仕事から帰ってくるはずの母がなかなか帰ってきません。窓の外は真っ暗。家にひとりで待っていた私は、疲れて帰ってくる母を喜ばせようと台所に立ち、いつも母が作る卵焼きを作ろうと思いたちました。

——たしか母は卵をボールに割り、お箸でほぐして炒め鍋に入れて、ゆっくりかき混ぜて、あっという間に作っていたっけ。よし、やってみよう！と。

当時の北京にはまだ都市ガスもプロパンガスもなく、煮炊きをする熱源は練炭コンロでした。練炭は朝、火をつけて空気窓を閉じておけば、夕方まで火力を保ちます。私は練炭コンロの空気窓を開けて、火を強くしてから卵を見よう見まねで割りほぐし、コンロに鍋をのせて流し入れました。火は真っ赤に勢いよく燃えています。卵はすぐにかたまっていい具合に焼けるので鍋から取り出そうとしますが、鍋にくっついてはがれなくなり、そのうちこげてしまう。なんとか鍋からはがしたときはもう真っ黒こげです。しかたがないから、また新しく卵を割りほぐして焼くのですが、これもまた真っ黒。何個焼いてもみんな黒こげで、そのうち卵をみんな使いきってしまいました。家の中は煙でもうもうとしています。母は家に近づいてきたときに火事かしらとあわてたと、あとで笑っていましたが、私は必死でした。あのころ、まだ、貴重だった卵を全部使い果たしたのに、食べられそうなものはひとつもできず、泣きそうでした。

母は家に入ってくると、

「まあ、よくがんばったわね。こげちゃったのは、おかあさんがあなたに教えてなかったのが悪かったね。こんどちゃんと教えてあげましょうね」

と、なぐさめてくれたことを覚えています。

その後、母に教えてもらうと、鍋を火にかけたままではいいのですが、火が強すぎたのと、そこに油を入れなければならないということを、知らなかったことがわかりました。こげるはずです。いまでは笑い話ですが、真っ黒な卵焼きが積まれたお皿。あらあら、とおかしそうに笑った母の顔が思い出されます。いまも卵焼きを作るたびに、この失敗を思い出します。

鍋もそのときはこげてしまったのですが、母がきちんと手入れして、いまでも母の台所に健在です。そう、母は物持ちのいい人ですが、もしかしたら記念にとっておいてあるのかもしれません。

中国の家庭では卵をよく食べます。料理法としてはゆで卵、落とし卵、揚げ卵など。季節の野菜とあわせた卵炒めもよく作ります。日本と違うのは、いずれの場合も半熟はダメで完全に火を通すこと。それと砂糖を入れて甘くすることもありません。細かいところでは、ゆで卵に塩をつけることもしません。塩味の卵としては塩卵、しょうゆ卵などの漬け卵があり、どれも朝食のおかゆのおかずにします。

食べ方で日本といちばん違うところは、生卵を食べないこと。日本にいる中国人に日本の料理でなにがいちばん苦手かと聞いたら、たぶん十人中十人が納豆でもお刺身でもなく、生卵かけご飯と答えると思います。

こういう私も納豆大好き、お刺身大好きですが、生卵だけはダメですね。わが家ではたまにすき焼きをしますが、夫と息子が小鉢に生卵を割るのを見ているだけで気持ちわるくなる。夫と息子はそんな私をみて、わざとずるずる卵をすすりながら食べるものですから、私は本気で怒ります。

ところで私に限らず、北京の子どもがはじめて料理を作るときは、卵料理が多いようです。卵は火が通るとかたまるので、子どもにもできあがりがわかりやすいからでしょうね。

それにしてもあのとき、母に叱られていたら、料理がきらいになっていたかもしれません。そう考えると母には感謝しなくては。

北京にはお弁当がないから、昼ご飯は家に帰る

中国の学校の新学期は九月にはじまります。一九六九年九月、私は北京の大柳樹《ダーリウシュー》小学校に入学しました。文革が起こって三年目、中国中が毛沢東語録をふりかざす紅衛兵の文化大革命で騒然としている時代でした。

当時は学校の先生も知識階級として粛清の対象となっていました。先生たちがみんな追放されていなくなり、用務員のおじさんが校長になった、こんな話がまじめに新聞に報じられた時代でした。私も小学校に入学したとはいうものの、休みだったり、別の学校に行ったりすることが多く、ちゃんと授業を受けた日はほとんどありませんでした。

そのころの私の家は父の勤務先の気象台の近所の宿舎で、小学校もその近くでした。小学校の朝は通常は八時に始業、十一時四十分から昼休み、二時半から午後の授業がはじまり、四時半ごろに下校します。昼休みが長いのは、当時の中国ではまだ昼食後に昼寝の習慣があったからで、この昼寝の習慣は八〇年代の末まで続きました。

生徒はほぼ三時間の昼休みに家に帰り、昼食を食べます。中国には昔からお弁当という習慣がなく、給食もなかったからです。私がお弁当というものを知ったのは日本に来て、娘が幼稚園に通うようになってから。中国にお弁当がない理由は、はっきりとはわかりません。はじめは油を多用する調理法が、冷めてから食べるおかずには不向きなのかと思っていましたが、日本には酢豚やから揚げ、エビチリ弁当なんかもあるところをみると、そうとばかりも言えません。たぶん中国人は冷めた料理が好きではないという基本的な問題なのでしょう。

さて、私の家では父の勤務先と宿舎が近い関係上、昼は父が家に帰って私の昼ご飯を作ってくれ、いっしょに食べました。中国では宿舎は一般的には夫の役所から支給されるケースが多く、ということは夫の勤務先と家が近く、妻はそれよりは遠いところに勤務するので、子どもの世話は父親がする家庭が多いのです。祖父母と同居の家庭も多く、その場合は祖父母がします。

昼、家に帰ると父がコンロの上で母が作っておいてくれたおかずやスープを温めています。主食は饅頭《マントウ》といわれる小麦粉の蒸しパン。父は無口な人ですから二人で黙々と食べ、あとかたづけを手伝って父は昼寝、私は一人で本を読んだりしてから学校に戻ります。父の仕事が忙しいときは、父の役所の食堂で食べることもありましたし、一人で母の作っておいてくれた食事を食べることもありました。

そんな小学校時代の最大の楽しみは春と秋の二回の遠足。バスで郊外の公園に行ったり、小高い山に登ったりします。この遠足は本当に楽しみでした。

こうした遠足のときもだれもお弁当は持ってきません。この日だけはお小遣いをもらって、現地で食べ物を買うのです。当時はパンやソーセージ、ジュース、かりんとうやアメなどのお菓子ぐらいしか売っていないのですが、それでもみんなうれしそうでした。

でも、私はいつも母の手作りの塩味の揚げ菓子や甘い蒸しパンを持たされました。それにりんごやバナナなどのくだもの。お友だちはみんな好きなおやつを買っているのに、うちはなんて貧乏なのかしらと、ちょっぴり恨んだりもしました。母に「みんなどといっしょに買いたい」と訴えても、母は絶対聞き入れてくれません。理由は当時はわからなかったのですが、要はそういうところで売られている食べ物は不潔、ということだったようです。

当日はきれいな布に包んでくれたお弁当を持たされます。いま思えばなによりの贅沢でしたが、そのころはそうは思いませんでした。

先日、日本のテレビで北京に新しくオープンした日本の大手のコンビニの開店ルポを見ました。食品コーナーの目玉はお弁当とおにぎりだったのですが、お弁当は市場調査の結果、やはり北京市民には冷めた料理は不評という答えがでたそうです。結局従来からある快餐《クアイツァン》といわれる、できたてのおかずを目の前で詰める方式にしたということでした。そして開店当日、お客さんがたくさんつめかけ、中国式の温かいできたてのお弁当はおおむね好評のようでした。そして、それにもまして好評だったのがおにぎり。テレビでは完売と報じていました。

中国のお米はもともとは長粒米《ちょうりゅうまい》とよばれる種類で、粘りけが少なく、とくに冷めるとぼそぼそになります。中国に中華丼のようにとろっとしたおかずをかけるご飯料理が多いのは、粘り気の少ないお米を食べやすくするからです。また、お弁当のように冷めたご飯を食べないのも、そんなお米の品種によるところも大きいのではないかと思います。

その点、日本のお米は短粒米《たんりゅうまい》という品種で、粘り気の多いところに特長があります。私はかねがね日本のお米のすごいところは、炊きたてはもちろんですが、おにぎりのように冷めてもおいしいところにあると思っていました。北京っ子もその点では同感らしく、最近は日本の農業技術協力もあっておいしいお米がふえています。そのコンビニのお米も、たぶん中国産の日本品種のお米だったのでしょう。

コンビニのおにぎりをお弁当に、ピクニックに出かける北京っ子がふえる日はそう遠いことではないかもしれません。もし北京にお弁当が定着するとしたら、それには日本のお米とおにぎりの影響が大きいでしょうね。ちなみにおにぎりは中国語では団飯《トアンファン》、日本団飯《リーベン》ともいいます。お弁当は盒飯《ホアファン》ですが、近ごろでは弁当《ベンタン》という言葉も使われているようです。

工作のりは母の手作り

どの国の子どもたちもやることは同じです。小学校のときはいつも忘れ物が多く、学校へ行く直前に思い出して、あわてていました。その日は工作で使うのりでした。

朝食の支度で忙しい母に、

「ママ、きょう学校でのりを使うの」

と言い、急いで作ってもらいます。

手作りの、のり。ステンレスのお玉に入れた小麦粉を水で溶いて火にかけ、とろりとしてきたらびんに入れる。そのできたてのほかほかののりが入ったびんを手で包むようにして持って行くのは、冬の朝の楽しみでした。あったかくて、母のやさしさも混じったようでうれしくて……。あのころは学校で使うのりにお金を出して買う人はなく、どこの家も手作りでした。

そんなことはずっと忘れていたのに、このあいだ、新しい土鍋をおろして、目地の補強のために小麦粉を溶いて火にかけ、こげないようにとかき混ぜているときに、ふと思い出しました。少しずつトロリとなって、だんだん粘り気が出てきます。ただののりなのに鍋までじょうぶにするなんて、と考えていました。

母の作ってくれるのりは自然の材料だから、かびがはえてしまうし、すぐ乾いてしまうので、

「きょうはどれくらい必要？」

「なにに使うの？」

と確認してから、使いきれる量を作ってくれました。

教室では売っているのりのようにスーッと伸びるのり、ダマがあって使うのにコツのいるのりと、できあがりもいろいろ。

「ああ、うちのおかあさんの、きょうは失敗だあ」

とその日のできを口々に言いあったものです。

母の子育て時代は、のりひとつとっても手作りしなければなにもなく、時間と手間のかかる生活でした。それなのに私は母におこられたことがなかった。ああしろ、こうしろと指図されることもなかった。私はいま、

「早くやりなさい」

とか、

「なんで、もっと早く言わないの」

と口うるさい母親ですが、もっと子どもをよく見て、おおらかに育てなければと反省します。

でも、いま思うと、母の一見放任に思える育て方は子どもに自分で考えさせ、自分で責任をとらせるという、きびしさもあったのだと思います。

のりの温かいぬくもり。それとともに思い出す母のやさしさときびしさ。私は母のようになれるだろうか、と遠い昔といまの自分を重ねあわせながら、土鍋をかきまぜていました。

母と私は北京を離れて農村へ

私は北京の小学校に入学はしたものの、その時代は文革がもっとも激しい時代でした。

文化大革命。これは文化を革命することです。文化、とくに伝統文化や学問が見直されることになったのです。父は二十二歳で博士になり、気象学者として働いていたのですが、学問があるという理由で連日のように迫害を受けていました。でも、中国は農業国、気象情報はとても重要です。ですから気象台の責任者として仕事から離れることは許されません。

のちに父は、このころのことを、

「当時、なにがつらかったといって悪人のレッテルを貼られ、仕事場で仲のよい仕事仲間から疎外されることがいちばんつらかった」

と語っていました。

同じ気象学者でも、母は父ほどは重要な存在ではありません。それで母は仕事の現場をはずされ、農民たちから再教育を受けるという目的で農村に送られることになりました。いわゆる下放《かほう》です。私も母と農村に行き、以後五年にわたって農村と北京のあいだを転々とします。そんな状態ですから小学校では満足に授業を受けたことも、友だちと遊んだ記憶もありません。なにしろ転校した学校の数が覚えているだけでも十一校、学校は学校で先生もろくにいなかったのです。

学校に行っても、楽しいことはひとつもない。悪い人の娘だから私と遊ぶと悪い人になるとだれも遊んでくれず、だからいつもひとりぼっち。休み時間はひとりで毛沢東語録を読んでいました。本はそれ以外になかったのです。

いま、夫によく、

「きみは中国人なのにひどい字を書くね」

とからかわれます。そんなときは、

「字を覚えるいちばん大切な時期に勉強できなかったのが、いまだに尾を引いているの」

と答えることにしていますが、これは半分はあたっているように思います。

友だちもなく、外に出れば変な目で見られたりと、子どもなりにつらい日々でしたが、それほど寂しかった記憶がないのは、母のおかげでした。母は楽天家で、なにごとにも前向きですから、外でつらいことがあっても家に帰ると、

「さあ、なにか作って食べようね」

と言って台所に立ちます。

でも、〝なにか〟といっても実際に作るのはいつも同じ材料から。とうもろこしの粉で作る主食と、農民からわけてもらう野菜だけでした。とうもろこしの粉の主食に

は窩頭《ウワトウ》と貼餅子《ティエピンズ》がありました。とうもろこしの粉にふくらし粉を入れてこね、円錐型にして底の部分を凹ませた形にして蒸したものが窩頭。小判型にして大きな中華鍋の周囲に張りつけ、底に水を入れて蒸し焼き状態で焼いたのが貼餅子。

窩頭は蒸したてのアツアツもおいしいのですが、冷めたのをスライスして炒めた炒窩頭《チャオウワトウ》のほうがおいしいといわれ、北京でも作られていました。母の好物で、私を身ごもっていたころ、つわりがひどいときにこれを食べて治したから、あなたもきっと好きなはずよ、とよく言っていました。たしかに挽きたてのとうもろこしの粉にはかすかな香りと甘みがあり、クセになる味かもしれません。

おもしろいことにいま北京のレストランではこの炒窩頭が流行っているそうです。単においしいからなのか、あの時代を懐かしむ客が多いのか、そのあたりはよくわかりません。

農村暮らしの日々があまり寂しくなかったのには、母が楽天家だったことのほかに農家の人たちがやさしかったこともあります。都会から悪い人として追放されてきた私たちに対して、表面上はきびしいことを言うのですが、内心では、あなたたちも大変ねといった、いたわりもありました。とくに慣れない農作業ではずいぶん助けてもらったと、母は後に言っていました。

映画『小さな中国のお針子』には、そんな当時の下放されてきた都会の人と農村の人の関係が、よく描かれています。

北京から自転車で父がやってくる

母と私は北京から田舎に移り、ひとつ年上の兄は父の実家に預けられています。家族はバラバラでした。

父も大変でした。月に二日しかない休みの日に、北京から遠く九〇キロ！ も離れた私たちのところに片道六時間かけて自転車でやってくるのです。二日のうち、ほとんど一日は自転車をこぎっぱなし。いっしょにすごす時間も束の間で、すぐ帰路につきます。遅刻したら罰が待っているという限られた時間のなかです。

こんなこともありました。私が持病の扁桃腺《へんとうせん》で高熱を出したときのことです。農村のことですから近所に医者はいません。どうしよう、と途方に暮れているところに父が帰ってきました。

「自転車に乗せて、街の病院に行こう」

と言う父に、

「そんなことをしていて、帰りが遅れたらどうするの」

と母。父は帰る時間が迫っています。

「これ以上、罪をきせられたら殺されかねない。私がなんとかするから」

と母は拒んだのですが、父も譲りません。結局、母が私を抱きかかえて父がこぐ自転車に乗り、病院に行きました。八歳のときのことです。

そんなことをはじめ、みんな大変な思いをして生活しているとき、ついに母が、

「もう来なくていい」

と父にぽつりと言いました。

あんな遠い道のりをぼろぼろの自転車で、それこそ命がけでやってくるのが忍びなかったのでしょう。食べ物もなく、道中の食料は炒ったピーナッツだけ。

それでも父はやってきました。のちに、あのころは本当に自殺したい心境だった、と言っていましたが、私と会えば、この子のためになんとか生きなければと、奮い立たされる思いだったそうです。

こんな時代ですから、病気になるのがいちばんこわい。病気になったら医者もいないし、病院は遠い。母が子どもの健康状態にとくに神経質で食事療法を大切にするのは、たぶんこのころの経験によるものなのでしょう。食事療法といっても鍋釜は供出して、ろくな調理道具もないし、食料も農家の人たちのお情けでことたりている状態ですから、母は母で本当に苦労をしました。この五年間は長かったですね。

両親の苦悩ははかり知れない。だから私には反抗期はありませんでした。この両親にどうして反抗できようか、という思いです。

私より十歳年下の人はこの苦労をあまり知らない。でも、私より十歳年上の人はもっと大変だったと聞きます。国の成立から五〇年代のいろんな運動、六〇年代の文革と激動の時代を生きた五十代のいとこは、いまがいちばんいい時代だとよく言います。

前にも出てきた『小さな中国のお針子』のダイ・シージェ監督や『初恋のきた道』『活きる』のチャン・イーモウ監督などにみられるように、この世代の人たちはいまだにあの時代を引きずって生きているところがあります。

でも、私にとってあの時代の経験はよかったと、いまは思います。あの大変さを経験していなければ、なにも考えずに母が作った料理をただ食べていただけで、いまの仕事はできなかったと思います。しかも、どんな状況にあっても自分を見失わずに最善をつくすという母の姿勢を、目の前に見て育ったのですから幸せでした。

文化大革命は決していい時代ではありませんでしたが、人間を強くしてくれた時代です。私はいま、中国という国に生まれ育ったことを恨むことはありません。両親の愛情をたくさんもらったことにも感謝しています。だから、自分の子どもたちにも精一杯、愛情を注ぐつもりです。

家族がいっしょに暮らすようなったのは、文革が終わってからでした。家族がいっしょにいるだけで幸せなんだ、とつくづく思いました。

からしを練るのは私の役目

一九七二年は中国にとっても私にとっても、忘れられない年でした。なぜならこの年の二月にアメリカのニクソン大統領が訪中し、九月には日本の田中首相と国交正常化宣言を行い、中国が以降、国際社会の仲間入りをするようになった最初の年だったからです。

小学校の四年生だった私には、そうした国際情勢はわかりませんが、文革がだんだんおさまって世の中が静かになっている感じはわかっていました。そして、その三年後の七五年の冬、母と六年生になっていた私は長かった農村暮らしに別れを告げ、やっと北京にもどってきたのです。そして、その年の九月には東高地《トンガオディー》中学という、家の近くの中学校に入学しました。

翌一九七六年一月に周恩来、九月には毛沢東が相次いで亡くなり、十月には毛沢東とともに文革を操っていた四人組が逮捕され、六六年以来十年間、中国中に吹き荒れた文革の嵐は終わりました。学校もじょじょに平穏さを取り戻し、私はおくれた小学校の復習と高校受験に向けて勉強をはじめます。

日本以上に受験競争が激しい中国では、受験勉強もはんぱではありません。私も勉強漬けの毎日で、母に台所仕事は手伝わなくていいと言われていたのですが、なぜかからしを練るのだけは私の役目でした。わが家はほうれん草のからしあえが定番料理。シンプルにゆでたほうれん草とからしをあえるだけだったり、そこに肉を加えたりして、よく食卓に並びました。母が大好きだったのです。

そんな日は夕食の支度をしている母から、

「やってちょうだい」

と声がかかります。専用の小さい容器があって、その中で粉のからしを熱湯で溶いて混ぜると、ツーンと辛さが鼻をつきます。これがすごくいやだった。ああ、またか、といやいややっていたものです。

大人になってからあるとき、

「からしを練るのがすごくいやだったでしょ」

と母に言われました。ツンといい香りのするおいしいからしを練ってくれた日もあれば、いいかげんに混ぜて、はいできた、という日もあった。そのときはあえて口に出して言わなかったけれど、からしにはあなたのその日の気持ちがよく表れていた、と言うのです。

母には、その日の私の気持ちや心の状態がわかっていたんですね。なにかうまくいかないことがあったのか、調子がよかったのかが。

だから、高校受験に合格したことを母に報告したときに、

「受かると思っていた。だって受験が近づくにつれ、からしがおいしくなったから」

と言われたときは、ちょっと驚きました。

勉強もきちんと努力すればいい結果が出る。それはからしを練ることと同じよ、と言いたかったのだと思います。

なにも言わないけれど、きちんと見ている。だから、母は怖い。

●ほうれん草と豚肉のからしあえ

肉を加えるとボリュームが出ます。からしの量は好みで加減を。ほうれん草をさっとゆで、その残りの湯で千切りにした薄切り肉を湯通しします。ほうれん草は水にさらして食べやすい大きさに切ります。しょうゆ大さじ2、酒大さじ1、白すりごま大さじ2、練りがらし小さじ1、砂糖小さじ1、ごま油小さじ1で作ったたれであえます。

テストのある日の朝食

中国の学校はテストがとても多い。勉強したことをマスターしているかのチェックだそうですが、こうすると自分でもどれくらい理解できていたのかを確認でき、次の目標も作れたものです。

「明日は一時間目に数学のテストがあるの」

と話しておくと、翌朝、食卓には甘いものがたくさん並んでいました。糖分は頭の栄養になるといわれています。黒砂糖を餡にした糖包《タンバオ》（おまんじゅう）や饅頭《マントウ》（蒸しパン）をスライスして卵をまぶして揚げ、砂糖やきなこ、はちみつなどをかけたフレンチトーストみたいなものをよく作ってくれました。

ふだんでも朝食には甘いものが一品は出ますが、糖分は頭の働きに早く効くからと、テストのある日はさらに一品多くするのが母のきまりです。

「これを食べれば、少なくとも十点はプラスになるわ」

これは母の口ぐせです。たくさん食べたからと言って百点がとれるわけではないのですが、甘いものを見ると母の気持ちが伝わってきます。

むずかしい問題で調子が出なくても母の期待を思うと、暗示にかけられたように、やる気が出て集中できるようになるから不思議です。神だのみではないのですが、少しは効いているのでしょう。

テストが終わって家に帰ると、

「どうだった？」

と母に聞かれます。

「甘いものは甘くない問題に勝てたかしら？　大抵のことは食べ物でうまくいくものよ」

これが母の持論。なんだか甘いものの効力を信じきっていてかわいいですね。

北京では俗に早上吃飽《ザオシャンチーパオ》、中午吃好《チユンウーチーハオ》、晩上吃少《ワンシャンチーシャオ》といわれます。朝食はおなかいっぱい食べ、昼は栄養のあるものを食べ、晩ご飯は少なめに、といった意味です。朝食のおなかいっぱいは、炭水化物や糖分の多い食べ物を、昼食の栄養とはたんぱく質やミネラルの多い肉や野菜をさします。朝食をおなかいっぱい食べるといっても、起きてすぐはそうは食べられるものではありません。ですから口あたりのいいお粥に油条《ヨウティアオ》（揚げパン）を入れて食べたりします。甘いものを補給するという意味では、お粥にはちみつをかけたり、ジャムを入れることもあります。お粥にはちみつやジャムというと日本の人はへーっという顔をしますが、パンにぬるのと同じ理屈と思えば、どうってことないじゃない？

いつかヨーロッパの映画で、朝、子どもがトーストにピーナッツバターとブルーベリージャムをたっぷりぬったのを食べているのを見て、同じなんだなと思いました。

さて、いま自分が子育てをする番になって、学校の勉強で親が手伝えることはあるのだろうかと考えると、いくら親が言っても本人のやる気がなければ無駄ですね。親のできることは心のケアと健康管理ぐらいです。

でも、食べ物で応援することはできます。うちの子どもたちはいつテストがあるかはまだ教えてくれませんが、朝食にはなるべく甘いものを食べさせるようにしています。

家を出るときに甘いものを食べさせて、ほんわりと甘い気分を漂わせておけば家庭の温かさもわかるでしょ、なんて甘いかな。

家庭訪問のときは、先生をめいっぱいおもてなしする

年に一度の家庭訪問。中国では借金してまでも、食べきれないくらいのごちそうを並べて、先生をおもてなしするのが普通です。先生が食べていかないかもしれなくても用意します。科挙の国ですので、生んでくれたのは両親、育ててくれるのは先生です。先生は絶対的にえらいという教育を受けました。

ですから家庭訪問の日はうちの両親も奮発して、ここぞとばかりに普段の食卓には出ないものを用意していました。

わが子を教え、鍛えてくれている先生に敬意を払うのは当たり前。ですから、

「先生の言うことはまちがっていても信じなさい」

と言われて育ちました。

家庭訪問の当日になると母は緊張して、家の中を念入りに掃除して、市場で買い物をし、腕によりをかけて料理をします。

中国では、それはそれは先生を大事にします。先生も一日一軒の訪問ですから、ゆっくりしていきます。

もちろん、私の同席は許されません。

「先生は普通のお客様ではないんですよ」

と母に言われ、なにを話しているのかな、と不安になりながらも自分の部屋にこもっていました。こんなふうに一家をあげて歓迎される先生には、自然に敬う気持ちが出てきます。先生と親が同じ食卓を囲めば、お互いがよくわかり、理解を深めることができるはずです。

もしいま、私が家庭訪問で先生をおもてなししなければならないとしたら、ちょっと気が重くなりますが、なにしろ中国には好客《ハオクア》というお客様を招くのが大好きな人のことを言う言葉があるくらいですから、両親にはそれほど負担ではなかったのかもしれません。

ごちそうには鶏鴨魚肉《ジーヤーユィロウ》、山珍海味《シャンチンハイウェイ》という表現が使われます。まず、鶏肉を使った料理を出し、それから鴨、魚、肉（豚肉）、それに山海の珍味を出しましょうという意味です。北京では品数が多いことが大切とされていて、冷菜が四品に熱菜が四品、最後にスープとご飯や小麦粉料理ぐらいは必要です。家庭訪問とはいえ、これだけを作るのは母親にとってはけっこう大変です。ですから、最近はこうした習慣もだんだんと縮小される傾向だと、北京の友だちは言っていました。

ちなみに中国の学校にはＰＴＡがありません。両親が働いていて実際問題として時間がとれないのが大きな理由だと思いますが、伝統的に家庭は学校に入らず、親は全権を先生に委ねる、といった親と先生の信頼関係も大きいように思います。親が先生に会うのは担任の先生が決まったときの家庭訪問と、年二回の期末の成績発表のときに、学校に成績表をもらいに行くときだけ。

成績表は基本的には徳育、知育、体育にわかれていて、それぞれ細かく評価が記入されています。とくに徳育ではその子の性格や生活上の問題点がきびしく記されていて、私も子ども心に恐かった記憶があります。

いま、うちの子どもたちを見ていると、先生を友だちと思っている感じがしないでもありません。ママのころは先生は神様のような存在だったと話しても、不思議な顔をしています。

こうした風潮はいまの中国にもあって、そこからは先生と生徒の従来とは違った形の新しい信頼関係が生まれる可能性もあるように思います。家庭と先生の関係から子どもと先生の関係へと、変化しつつあるということなのでしょうか。

寮生活のささやかな楽しみ

中国の子どもは〇歳から三歳までは保育園、三歳から六歳までは幼稚園に通います。保育園と幼稚園は通う児童の年齢が違うだけで、内容は同じです。

私は文化大革命があったので、ほんのちょっとのあいだでしたが、北京中心部の北《ベイ》海《ハイ》公園にある北海幼稚園に在籍しました。ここは有名人の子息が多く在籍するいわゆる名門幼稚園で、全寮制です。幼稚園で全寮制はきびしいと思うかもしれませんが、ちょっといい家の子どもはいまでも全寮制の幼稚園に行きます。英才教育ですね。

親元を離れた三歳の子どもの世話は、先生も大変だったと思います。私も親と別れるときは大泣きだったそうですが、別れたあとは子どもながらに先生の前では泣いちゃいけないと我慢したし、なかなか寝つけずにタオルを抱きかかえて糸を一本一本抜き、最後にはよれよれのガーゼにしてしまったこともありました。

その寮生活がふたたび私におとずれました。高校受験で合格した清華《チンホワ》大学付属高校です。この学校は全寮制で、寮の部屋は二段ベッドが両サイドにあり、部屋の真ん中に長いテーブルがある八人部屋でした。生徒はみんな大学進学を目指しているので、よく勉強します。自習は教室ですることになっているのですが、夜の九時半までしか使えないし、部屋は十時消灯です。それ以降はベッドのなかで懐中電灯をつけて勉強を続けたものでした。

食事は校内の学生食堂ですませます。食堂のなかはいつもごった返していて、おしゃべりと、食べ物から立ちのぼる湯気と熱気でむんむんしていました。カフェテリアのようなスタイルで、食べたいものを買って、そのつど代金を払うシステムです。

朝食はおかゆ、黒砂糖入りの蒸しパン、漬物などに必ず牛乳か豆乳を買い、母が持たせてくれたゆで卵を持ちこんで食べていましたが、当時の中国では卵はまだ贅沢品。みんなにうらやましがられました。

昼食はボリューム満点の脂身の多い肉と野菜の炒めもののようなおかずに、ご飯、蒸しパン、麵などの主食を、お金と栄養のバランスを考えて選びます。晩ご飯は昼と同じようなものですが、ボリュームは少なく、おかゆを主食にする生徒も多かった。週のはじめは週末に帰宅した家から持たされた食料を食堂に持ちこむことも多く、交換したりしてにぎやかでした。

一学年は六クラスあり、一クラスは四十人ほど。クラスわけは成績順になっています。Aクラスは一番から四十番まで、Bクラスは四十一番から八十番といった具合です。中国の学校は年二期制で、各期末にある試験で成績に応じてクラス替えが行われるので、生徒は油断できません。みんな寸暇《すんか》を惜しんで勉強をしていました。

期末試験が終わって順位が発表されると、生徒たちは街に遊びに出ます。といっても映画に行ったり、家族と食事をしたり、ショッピングをしたりするくらいなのですが、それでもこの束の間の息抜きがなによりの楽しみでした。

私は土曜日は毎週家に帰っていましたが、遠くに家のある人は年に一、二度しか帰らないのですから、北京市内に自宅のあった私はずいぶんと恵まれていたのです。

中国の受験生はこうして勉強に立ち向かっていました。それでもそれが受験戦争とか受験地獄といった意識はあまりなく、ごく当たり前のこととして受け入れていましたし、当人たちもおしゃべりや食べることなどのささやかな楽しみで、けっこう満足していました。

この状況は、いまでも多分、そうかわっていないのではないかと思います。

家族で食卓を囲む幸せ

家族がともに暮らし、みんなが幸せを感じるのは、食卓を囲むときではないでしょうか。そこにおいしい食べ物があれば、もっと食卓が楽しくなる。楽しくなると会話もはずむ、そして食事がもっとおいしくなる……。ああ、幸せ。

全寮制の高校時代の最大の楽しみは、家に帰って家族でとる食事でした。あのころは土曜日がどんなに待ち遠しかったことか。午後の授業が終わるとバスに乗って、飛んで帰ります。いまは土曜は休みになりましたが、当時は土曜も平日と同じで午後もたっぷり授業があったのです。

両親や、そのころには父の実家から家に戻っていた兄に会えるのが楽しみでしたが、いちばんの楽しみは週に一度の家族との晩ご飯でした。なにしろ翌日の午後には寮に戻らなければならないのです。母も一週間分の料理を全部、食卓に並べるくらいの勢いで腕を振るってくれました。余裕のある時代ではなかったのですが、それでも母は魚や肉、野菜料理にスープと、バランスのとれた献立を作ってくれました。

心配するから両親にはないしょにしておこうと思っていた学校でのイヤなことも、おいしいものを前にすると自然と口をついて出てきてしまうから不思議です。母はいつも笑って私の話を聞いてくれました。

中国には吃不言《チーブーイアン》、唾不語《スイブーユー》（食べるときには話をしてはいけない）という俗言がありますす。たしかに静かに音をたてないで食べる食卓は味もよくわかりますが、そんなことも言っていられません。私は食べながら家族とおしゃべりすることが、なによりうれしかったのですから。

わが家の食卓の話題はいつも食べ物のことからはじまります。

「今年の白菜は筋が少なくて甘いね。十一月に入って急に寒くなったからかな」

「今日のお肉は今度、新しくできた肉屋さんで買ってみたの。とても新鮮そうで、脂身もあまり多くなかったけど、味のほうはどうかしら」

と、こんな感じです。もっとも話題はいつもおいしい話ばかりとはかぎりません。たまにはこんな話も加わります。

「市場の角から三軒目の八百屋のはかりはどうも怪しいわね。今度、私のはかりを持っていって、目の前で確かめなくちゃ」

いまはもう、そんなことはなくなりましたが、そのころははかりが正確でない店が多く、母たち客も自衛手段でマイはかりを持っていって店ではかり直し、不正のある場合は警察に通報したものでした。

こんな会話を繰り返しているので、中国人はみんな料理研究家みたいに食べ物のことにくわしい。いま、母はよく私に、

「あなたの仕事だったら、私はいますぐにでも代わってあげるわよ。きっと私のほうが何倍も受けるから」

と冗談まじりに言います。私もつい、そうかもしれない、と思ってしまうところが情けない。

こうした会話は東京のわが家でも受けつがれています。

「ママ、わかめは髪の毛にいいの?」

「そうよ、毎日でも食べたいわね。髪の毛が真っ黒になるわよ」

「じゃあ、ベッカムは絶対わかめを食べていないね。だって、黒くないじゃない」

「ママ、トマトを毎日食べるとしわがとれるって、テレビでいっていたよ。試してみたほうがいいと思うよ」

なんておかしくなります。

食生活は、こうして時間と空間を越えて連綿とつながっていくのですね。

楽しかった大学生活

一九八一年九月、私は北京師範大学英文科に入学しました。全寮制から解放され、やっと自宅通学の身になったのです。

英文科を選んだ動機はとても単純です。当時の中国は文革も終わり、鄧小平の主導する改革開放政策で世の中は急速に国際化の道を歩みはじめていました。外国の雑誌や映画も見られるようになるにつれ、私の興味も外国に向くようになりました。外国に行ってみたい。ファッション雑誌で見るような素敵な洋服を着てみたい。それにはまず英語ができなくっちゃと、年ごろの娘ならだれでも一度は考える軽い動機でした。

中国の大学は日本の大学と大差ありません。四年の単位制で、ゼミがあって卒論がある。部活もあります。ただ私の時代にはまだ私立がなく、すべての学校が国立で、卒業したら本人の希望は優先されるものの、国や学校が決める就職先に就職しなければなりませんでした。就職は国からの求人希望にしたがって、学校が生徒を配分するかたちがとられていて、このことは当時は分配工作とよばれていました。私も分配工作の結果、卒業時に決まった就職先は、水利電力部というわば電力会社のようなところだったのですが、このことについてはまたあとでお話ししましょう。

大学では高校までのように受験という勉強の大きな目的がないので、あまり勉強はしませんでしたね。部活は宣伝部というところに入っていました。宣伝部というのは、学校ニュースみたいなものを発行したり、校内放送をしたり、学園祭のときの出演者に出演交渉をしたりするところ。私はこの出演交渉というのが好きでした。当時、中国でやっと解禁になりかけていたロックのミュージシャンに会ったり、伝統的なお笑い芸の大御所にお願いに行ったりするのです。なにしろ育った家庭が学者のコチコチの家だったので、百八十度違う芸能関係の世界がめずらしく、新鮮でした。

当時の北京にはお年寄りがたむろする伝統的な茶館はありましたが、若者がたむろするようなカフェやコーヒーショップはありませんでした。いまはスターバックスもありますが、それにしてもキャラメルラテが肉まん十数個分に匹敵するくらいの値段なので、学生が気軽に立ち寄れる場所ではありません。ですから、私たちの時代では学生がおしゃべりする場所は、学内の実習室や食堂、寮や校庭でした。

当時、自宅通学の私が親からもらっていたお小遣いが二十元、当時の母のお給料は五十六元（当時のレートで一元は約百五十円）でした。ちなみに物価はいまの大体十分の一ぐらいといったところでしょうか。

学費は教材費などのわずかな実費だけで、授業料そのものは無料でした。無料というと驚かれるかもしれませんが、無料なだけでなく生活費も学校が支給する場合もあります。なぜかというと、人口の大半を占める農村では現金収入がほとんどありませんから、一カ月二十元ほどで生活している家庭がたくさんあります。そういう家庭では生活するだけで精一杯で、とても子どもの授業料は払えません。ですから、大学の授業料は国がもち、そういう家庭の学生には一カ月十八元の生活費を支給していました。

これは学費を貸し出す奨学金制度とはまったく違います。貧乏な家に生まれても学問は本人が勉強する気があれば受けられ、さらにその学問によって豊かさが保証されるという伝統的な科挙の方式によるものでした。学問をするのにお金はかからなかったのです。もっともいまはこうした方式はなくなりつつあり、高所得層からはきちっと授業料をとるようになっているということです。

寮生活をしている学生のほとんどは地方から上京してきています。地方といっても中国は広いので、汽車で何日もかかるほどの遠くです。そういう学生は一年に一度、お正月に家に帰ればいいほうで、帰らない人もたくさんいます。私の母は面倒見のいい人ですから、そうした学生がよく家に来てはごはんを食べていました。そんなときに母の作る料理は紅焼肉《ホンシアオロウ》ときまっていました。紅焼肉は日本でいえば肉じゃがと同じ、中国の代表的なおふくろの味です。学生たちは肉が好きですから母の作る紅焼肉は評判で、いまでもそのころの友だちは、媽媽《マーマー》の紅焼肉はおいしかったというくらいです。

そんなわけで私の大学生活は、勉強よりは友だちといっしょにいる時間が楽しく、遊んでばかりいた記憶しかありません。

生理のときはあずき粥を食べて

冬。底冷えのする北京の冬は大陸性気候で空気はカラカラ、肌を突き刺す寒さの毎日です。いまは地球の温暖化で暖かくなりましたが、二十年前の北京の冬はマイナス十数度の日が少なくありませんでした。

綿入れのジャケットを着て、帽子をかぶって外へ出ると、肺のなかがちりちりと凍るような感じがします。そんな身も縮むような寒い朝で生理のときは、母に、

「今日は学校をお休みしなさい」

とよく言われました。普段、お手伝いより勉強と言う教育ママもこのときばかりは、一日ぐらい勉強を休んでもいい、と寛容です。

べつに具合が悪いわけではないのですが、女の子はいずれ子どもを生むのだから体は大事にしなければいけないと、家で温かいものをとって静かにすごしていました。健康な子どもを生むことを心がけなければ母親予備軍として失格と、母に耳にたこができるくらい言われました。そのおかげか二人の子どもの出産はなんの問題もなくすませることができましたし、いまも健康でいられることを母に感謝しています。

生理のときは必ず汁物が出てきましたが、よく作ってくれたのは紅豆粥《ホンドウジョウ》（あずき粥）。あずきはどこの家にも常備してあるし、体を温め、血液を作り、血の循環をよくすると言われているので、生理のときや産後は積極的に食べます。女性だけでなく、北京では、夏天吃緑豆《シャーテンチーリユードウ》、冬天吃紅豆《ドンテンチーホンドウ》（夏には緑豆を食べ、冬はあずきを食べる）と言われるように、冬になるとよく食卓に登場します。あずきは浸水したりせずに、洗ってそのままお米といっしょに炊きます。簡単ですからいつでも作れるのです。

あずき粥を食べ、体を内側から温め、さらに足には厚い靴下を何重にもはいておけば、もう全身ぬくぬく。暑いくらいですが、母に、

「これをしっかりやらないと更年期に苦労する」

と言われました。これはきっと母も言われてきたことなのでしょう。そういえば母

には更年期がなかったようです。いまになって怒ることがあると、

「私はいまが更年期よ」

と言っています。ちょっと遅すぎるんじゃない、と言うのですが。

私は冬、いまでも調子がよくないと思ったときには、あずき粥を作ります。これはいずれ娘にも伝えておこうと思います。

●あずき粥（4人分）

中国ではどこの家にも常備されているあずき。体を温めてくれ、血を作り、血液の循環をよくするといわれています。かすかな甘みといい香りのする、あずきのお粥、普通のお米でも、もち米でもおいしく食べられます。

あずき½カップと水6カップを鍋にかけ、沸騰したら弱火にして30分煮ます。そこに米1カップを加え、ふたをして弱火で1時間煮、とろみが出て、あずきが開いたら火を止めます。

最初の就職先は電力会社。でも一年でやめました

大学を卒業し、分配工作で決められた就職先は、水利電力部というお役所でした。

水力発電にともなうダムや電力を管理するところです。英文科を卒業したのに電力会社？　と驚いたのですが、断ることはできません。配属された部署は外国と折衝したり翻訳したりするところ、そして当然、仕事はひまでした。毎日が退屈。同僚たちは朝、出勤すると、お茶を飲みながら新聞を何時間もかけて読むのです。なんとか一年は辛抱したのですが、とうとう我慢しきれず、転職する決意をしました。

国が決めた就職先をやめるということは、ふたたび国営の会社には戻れないということです。したがって転職先は当時、少しずつふえてきた民間の会社しかありません。

そのころの中国では、まだ個人の財産の所有というのは認められていませんでした。共産主義国として、土地も家も、会社も車も、すべては国のものなのです。たとえば住宅は勤めている会社（これも国の経営です）から支給されます。日本でいえば公務員宿舎のようなものでしょうか。家賃は取られますが、それはとても安い。そもそも民間の賃貸住宅というものがないのですから相場もなく、高い安いの比較がしようがないのです。もちろん売り物の住宅もありません。国の決めたなかで生きていくかぎり保障されることはたくさんあるのですが、ひとたびそのコースをはずれると、今夜寝るところすらなくなってしまうのです。

日本語には「親方日の丸」という言葉があるそうですが、同じ意味のことを中国語では「鉄碗《ティエワン》」といいます。鉄の碗はこわれないから食いはぐれがないという意味です。とりあえず住むところは親のところにいたからだいじょうぶとしても、この鉄碗を手放すのは重大問題です。最後は父に相談しました。

建国以来、国の決めた方針のなかで生き、文革もすごしてきた父にとっては、たぶん国の決めたことに従わないというのは言語道断だったのでしょう。ふだんはいや味のひとつも言ったことのない父がめずらしく、

「もし失敗して国営に戻りたかったら、お父さんのところで使ってあげるよ」

と言いました。私も感情的になって

「たとえお父さんの隣のビル掃除をしても、お父さんのビルには二度と入らない」

と答えました。そして、私は当時はまだ少なかった外資系企業の援助をする会社に転職しました。

日本の就職活動に履歴書は欠かせませんが、中国では履歴書に相当するものに挡案《タンアン》というものがあります。履歴書と挡案のいちばんの違いは挡案は自分で記入するのではなく、勤務先の会社が記入します。そしてその内容を本人が見ることはできません。

就職用の内申書みたいなもので、会社から会社へと転送されるのです。書かれていることはきびしい評価ばかり。でも、この档案がないと再就職ができません。当然、私の档案もこの会社に送られました。余談ですが、私は来日するときに、人材交流中心というところに、月々の料金を払って档案を保管してもらうようにしました。でも、いまは払っていません。民間企業がふえ、就職活動も自由にできるようになったからです。档案にはもう昔の威力はなくなりました。

いま中国では民間企業が幅をきかせています。株式会社もありますし、お給料もいい。そのかわり鉄のお碗ではないから、倒産することもしょっちゅうです。民間企業の繁栄にともなって最大の問題だった住宅も、マンションがどんどん売られるようになりました。個人所有の財産が認められるようになり、ローンを組んで買えるようになったのです。

私が転職して最初に担当した仕事は、日本のT百貨店の北京事務所の設立でした。一九八七年ごろのことです。そしてこの仕事がきっかけになり、その後、日本に来ることになるのです。

北京の市場は、庶民の台所

中国では夫も妻も料理を作りますが、上手かどうかとなるとそれは人それぞれです。うちの父は上手ではないほうでした。旧家で育った母はこの点に関しては、「男子厨房に入るべからず」という古い考えを持っていたので、父が料理にあまり手を出さなくてもうまくいっていました。

そんな父でも市場への買い物はよく行きました。中国の市場は売る単位が多いので、男の人の手が必要です。私もおもしろいので出勤前の早朝、大きな買い物かごを下げた両親について行くことがしばしば。市場は朝は五時すぎには開かれ、お昼ごろには閉まります。六時ごろには朝食やその日の買い物の群衆であふれ、すごい喧噪《けんそう》。値段の交渉はけんかをしているのではないか、と思うくらい甲高い声が行き交い、思わず眠気も覚めます。

市場にはさっきまで餌をついばんでいたような鶏が大きな竹籠のなかにいたり、郊外の農家の人たちが朝どりの野菜や卵を並べています。肉は塊に切ったものを五〇〇グラム単位で売っています。魚は生きている川魚が中心で、鯉《こい》や鮒《ふな》など日本でもおなじみのものから、たぶん日本の人は見たことのない魚も、いっぱい売られています。

そうそう、これはもし中国に旅行したときに、とても重要なことなのですが、中国の目方の単位、とくに食材の単位は一斤《イーチン》、二斤《リャンチン》と斤が使われます。一斤は五〇〇グラム、二斤で一キロ。このキロは公斤《コンチン》と言います。二斤が一公斤というわけですね。ですから肉、魚、野菜の値段は一斤いくらで売られています。ついでに言いますと、一斤の十分の一つまり五〇グラムを一両《イーリァン》と言います。

街の餃子屋さんでは餃子は一両単位で売られています。日本の人はよく、この両が昔の小判の単位だったことから餃子一両と書いてあるとつい、「え、中国の一両って日本円でいくらだっけ」と錯覚してしまう方が多いようです。とにかく日本では一〇〇グラムいくら、一キロいくらなのに対して中国では、一両（五〇グラム）いくら、一斤（五〇〇グラム）いくらで売られているので、おまちがえのないように。

旬の野菜はどれもとれたてでみずみずしく、種類も多い。あれもこれもほしくなるくらいにおいしそうな野菜が積み上げられています。その肉や野菜が並ぶすぐ隣では、ワンタンや肉まん、豆乳などを売る屋台が湯気を立てていて、食欲をそそります。まさに庶民の台所です。

母が作る料理は北京に昔からある家庭の味。特別、手をかけるわけではないけれど、飽きのこないように工夫が重ねられています。野菜炒めは一種類の野菜だけを炒めることが多いのですが、季節の出盛りの野菜、たとえばピーマンなら今日はしょうゆ味で炒めたら明日は肉を加えて塩味に仕上げ、つぎの日はさっとゆでてタレをかけて食べるというように調理法で変化をつけます。応用がきくのが家庭料理の強みです。

家庭でのおかずは一品が魚なら、もう一品は肉、そして野菜。それを大皿に盛り、各自が箸をのばし、主食、スープといっしょに食べます。中国のこの献立スタイルは「三菜一湯《サンツァイイータン》」と言います。日本の一汁三菜《いちじゅうさんさい》も同じ意味なのでしょうか。

母の作る家常菜《ジアチアンツァイ》(家庭料理)。ぜいたくなものはなかったけれど、市場で求めた新鮮な食材を使って、手をかけた料理は本当においしかった。

美肌の秘訣、ハトムギとコラーゲン

私が高校受験のための勉強をしているときですから、十四、五歳のときです。ちょうどニキビができる年ごろで、顔のブツブツが気になると、勉強に身が入らなくなるだろうと、母はよくハトムギのお粥を作ってくれました。ハトムギのぷりぷりした弾力がおいしいお粥です。ニキビは中国語では青春豆《チンチュンドウ》。まさにそのまんまという字ですね。ハトムギは意以仁《イーイーレン》と言います。青春豆与意以仁《チンチュンドウユーイーイーレン》、つまりニキビにハトムギという言葉があるくらいハトムギはニキビの予防に効果があります。

ハトムギにはたくさんの食療作用があるのですが、なかでも新陳代謝を活発にしてくれるため美肌効果があることは、よく知られています。その効果はいぼやポリープも取れるほどとか。最近は化粧品の成分にも含まれているそうですが、私は外側につけるより、内側から取りこんだほうが効果があると思っています。

美白の化粧品には苦い思い出があります。転職してすぐのころ、仕事で上海に出張することがありました。そうだ、母になにかプレゼントしようと、当時流行っていた「白きくらげ入りのクリーム」を買いました。美白のクリームです。すごく高かったのですが、さぞ効くだろうと喜ぶ母の顔を楽しみに北京に帰りました。

ところが予想に反して両親は素っ気ない。母は、

「ありがとう」

とは言うものの、使った気配なし。父は、

「外側からいくら塗ってもだめだね。食べて体の中からきれいになるほうが賢い」

と言います。父の言うように白きくらげは美容の王道。ビタミンDとコラーゲンがたっぷりです。

お給料の大半を費やしたのに、と思うと涙が出そうでしたが、たしかに食べ物でコラーゲンなどをとったほうがいいかもしれません。中国には真珠の粉入り、片仔癀《ピエンツーホワン》入りとたくさんの化粧品があるけれど、はたして効果のほどはどうなのでしょうか。中国にいる義姉はつやつやとした肌をしていますが、その秘訣はやはり食事にあるようです。彼女は家ではもちろん、外食のときにもよく豚の皮や手羽先などコラーゲンたっぷりの料理を注文します。このあいだ、いっしょに食事をしたときは豚の皮だけ食べて、なかのおいしい肉は兄にあげていました。中国の女性はそれくらい美肌のための食事を心がけます。

私もそうしたいのですが、なにせ夫が大の皮好き。とん足や手羽の煮物を作ると「ぼくも食べたい」と言うし、子どもたちもわれ先にとお箸を伸ばすので、なかなか私の口に入りません。

肌のトラブルは内臓の調子がよくないときにも現れます。つまり体にたまった毒が肌に出るのです。だからちょっと荒れてきたなと思ったら、そのときはコラーゲンを含んだ食事をとるよりも、まず便通を整えることが先決。体の毒素を出すために根菜や雑穀ご飯などを食べるようにし、調子が戻ってきたらコラーゲンたっぷりの食事をどうぞ。

●ハトムギのお粥（4人分）

ハトムギのプリプリとした弾力ともち米の粘りけの相性がいい、ハトムギともち米のお粥。ハトムギ½カップをたっぷりの水に入れて、火にかけ、沸騰したら火を止めて、重曹をひとつまみ加えて2時間おきます。こうすると、においが消えます。その水を捨てて、もち米½カップ、水6カップを入れて、弱火で1時間半煮ます。

もちろん、普通のお米で作ってもおいしいですよ。

私の運命を変えた天安門事件

転職後の最初の仕事だったT百貨店の北京事務所の設立は、たいへんだけどおもしろいものでした。

外国の法人事務所を立ち上げるためには役所に日参し、交渉して書類を通していかなければなりません。頭のかたいお役所の人たちと折衝するのはけっこう骨の折れる仕事でしたが、ここで大学時代、部活でタレントと出演交渉をした経験が生きました。きっと私自身、こうして人と交渉するような仕事が向いているのかも。ただ英文科卒の私は日本語ができませんから、日本の人と話すときは英語を使うか通訳を通して話していました。通訳のKさんは日本人で、六十代の女性。中国語がペラペラで、中国人よりもうまいくらいです。

この仕事を通して私ははじめて日本の人と親しくなり、日本料理店で納豆や刺身と出会います。納豆をはじめて食べたときは、糸を引くことと、そのにおいにちょっと驚きました。でも、正直いっておいしかった。いまではわが家でいちばんの納豆好きを自認しています。

当時は毎日が忙しく、お給料もよかったので生活は充実していました。でも、欧米の暮らしを夢みて英文科に進んだのに、北京で日本の仕事をしているのはやはりなにか納得いきません。どこか外国に留学したい。結局、カナダのスカラシップ入試を受けて合格し、やっと念願の外国に行けることになりました。一九八九年の冬のことです。

　その年は長い間、続いた文革への反動もあって、中国の開放路線が急速に進み、民主化運動がさかんな年でした。学生たちがデモをくりかえし、世の中はなんとなく騒然としていました。

　五月一日のメーデーには、天安門広場で学生や文化人たちの大きなデモがありそうだと言われていました。

　そんな最中《さなか》、

「日本から出版社のS社社長をはじめ十人ほどが四月末の三日間、北京に滞在するので手伝ってほしい」

　と通訳のKさんから頼まれました。彼らはその十年前に日本と中国の共同制作で『中国名菜集錦』（主婦の友社）という料理全集を作った人たちでした。十周年を記念しての訪中で、Kさんもその仕事の通訳でした。

　レセプションは夜の予定で、その昼、

「一行の一人がどうしても骨董屋に行きたいというので、案内してちょうだい」

　Kさんにそう頼まれて、私はその日本人を連れて骨董屋に行きました。といっても私はそのころは骨董屋がどこにあるのかも知りません。ホテルに場所を聞いて行きました。でも、せっかく骨董屋に連れて行ったのに、彼はあれこれ見るだけでなにも買いません。それも何軒も。面倒な人、というのがそのときの印象でした。

結局、彼はなにも買わず、申し訳ないとでも思ったのでしょうか、帰りに「カナダの往復に東京に寄れることがあったら、ご連絡ください」と名刺をくれました。カナダの話はタクシーのなかでしていたので、きっと社交辞令でそう言ったのでしょう。

その彼とその後、結婚し、私もいまや北京の骨董にかけてはちょっとうるさい存在になろうとは。人生は一寸先はなにがあるかわかりません。

たしか四月三十日、一行は北京を離れてつぎの訪問先の成都《チョンドウ》に向かい、私はいつも通りの仕事に戻りました。日を覚えているのは、翌日がメーデーだったからです。当時、メーデーにはなにかが起こる、そんな予感で北京は不気味に静まりかえっていました。それでも、まだ私は七月にひかえたカナダ渡航の準備で、ひとりウキウキしていました。

メーデー当日は、予想通り文化人や学生たちが大勢参加したデモが行われました。でもそのころはまだ静かだった。その後、デモはだんだんと過激にエスカレートしていきます。そして六月四日、ついに天安門事件が起こりました。この事件の詳細はいまだに明らかにされていません。私自身も自転車で近くまで行って、自分の眼で見たところもあります。また、来日後見たNHKのドキュメンタリー番組では、その夜の様子が正確に映されていたように思いました。

この事件をきっかけに、アメリカとカナダは中国に強く反発します。大使館は閉鎖され、ビザの発給も停止されました。あとひと月に迫っていた私のカナダ留学は、まったく思いがけないことで挫折してしまいました。

この出来事はとてもショックでした。でも一度、火がついた私の「外国へ行きたい」熱は冷めません。とにかく、どこでもいいから外国へ行きたい。

そんな私に救いの手をさしのべてくれたのは、通訳のKさんはじめ、仕事をいっしょにしていたT百貨店の人たちでした。彼らが保証人となり、翌九〇年、それまでは考えてもいなかった日本行きが決まりました。

十月十三日。その日の北京は抜けるような青空でした。

不安と期待を胸に、私は東京に向けて北京空港を発ちました。東京での予定は、とりあえず日本語の勉強をゼロからはじめる、それだけでした。飛行機は別れをつげるように北京の上空を大きく旋回すると、夕闇のせまる東の空をめざして高度を上げていきます。

まだというか、すでにというか、二十六歳になっていました。

第二章　東京での生活

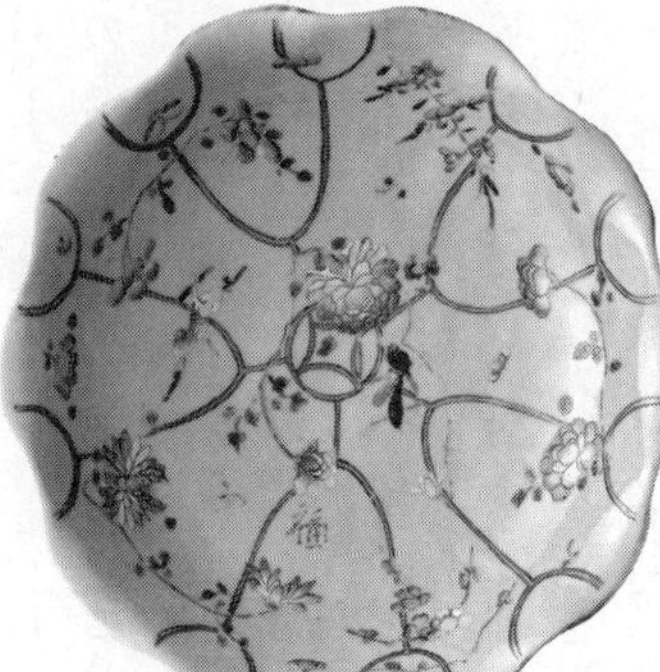

はじめて見た東京の台所

来日してからの一年間は、日本語の勉強に明け暮れていました。住まいは渋谷の近くの下宿です。ご主人のSさんはひとり暮らしの老婦人で、下宿人は私ひとり。下宿というよりはホームステイといった感じでした。昼間は日本語学校の往復、夜は復習と予習のくり返しで、判で押したような毎日でした。

食事は朝はSさんといっしょ。昼は外で適当で、夜はSさんがいない日が多く、おかずを買ってきたりして、ひとりですませていました。Sさんの作る朝食は白いご飯にみそ汁、ぬか漬け、それに干物やしらす、豆腐、納豆などが日替わりで加わります。みそ汁は煮干しできちっとだしをとり、みそは煮上がりばなに入れて香りを大切にと、本格的でおいしかった。ぬか漬けもお手製で、はじめて見るぬか床の手入れはめずらしく、また新鮮でした。

北京にも北京っ子のちょっと頑固なお年寄りはたくさんいて、そういう人たちは老百姓《ラオバイシン》と呼ばれます。老百姓の食生活にも似たりよったりなところがあって、その意味では違和感はありませんでした。

私は北京では日本料理屋さんによく行っていたので、和食そのものはそうめずらしくはありません。でも、実際に家庭で食べるのははじめて。そうなのね、日本の人ってみんなこういうものを食べているんだ、と日本にいることがとても実感できました。

でも、しばらくするうちに、Sさんの食事は東京ではどうやら少数派らしい、ということがわかってきました。若い人はイタリア料理やフランス料理、中国料理などの外国の料理が日本料理と同じように好きらしい。街を歩けば外国料理の看板が多いし、晩ご飯のおかずを買いにデパ地下の総菜売り場に行くと、世界中のおかずがある。

そうそう、日本に来て最初に驚いたのは、日本料理という看板を見たときでした。北京には広東料理とか四川料理という看板はあっても、中国料理という看板はありません。えっ、私のいるところは日本じゃなかったの？と、ちょっとびっくりしました。ともあれSさんのところの食事は、はじめての東京の味という意味で、私にはとても貴重な体験でした。

日本に来てから半年ぐらいしたある日、北京から大学の恩師が会議で来日し、秋葉原に案内してほしい、と連絡がありました。私は学校と住まいのあいだを往復するだけで、ほかのところはまったく行ったことがありません。渋谷の街を横切るのさえ恐くて駆け足だったくらいでしたから、秋葉原がどこにあるのかも知りません。困っていたときにふと思い出したのが、北京で骨董屋さんを案内した日本人でした。日本に来るときに彼の名刺は持ってきていたので、早速、電話で連絡しました。彼はなんで私が日本にいるのかも知りませんから、とても驚いた様子でしたが、とにかく秋葉原に連れていってもらうことになりました。

先生の宿泊先の水道橋のホテルで私たちは落ち合い、秋葉原に行き、夕飯を食べて先生を送り、再会を約束して別れました。彼は中国の事情に明るく、天安門事件のこともよく知っていました。中国語も少しはしゃべれます。

以後、私たちはときどき会うようになり、前に書いたように、二年後の九三年に結婚をします。彼は林サンといい、料理の本のアート・ディレクターを仕事にしていました。彼との出会いが、やがて私を料理研究家へとスタートさせることになります。

でも、まだそのころは毎日が手さぐり、必死で将来を模索していました。

和食の出発点はカレイの煮魚

結婚をし、夫と生活するようになると、それまではあまり考えなかった問題がでてきました。それは北京と東京の味覚の違いです。私たちは同じ東アジアに生きてきた者同士、西欧人とアジア人の国際結婚に比べれば、少なくとも食に関しては問題はない、結婚前まではそう楽観的に考えていました。とくに夫は中国料理好きだし、食は仕事がら和食に限らず、なんでもＯＫという人でしたから。でも、結婚して毎日食卓を共にするとなると話は別です。結婚当初の食卓は北京の家庭料理が主でした。でも、たまには夫も和食が食べたいでしょうし、私は私で日本人の妻として夫の好みに合わせたいという気持ちがあります。

そんなある日、夫に「カレイの煮魚が食べたい」と言われました。

北京で魚を煮るというのはスープ煮のこと。あっさりした薄味のスープのなかに、骨と身がほろほろとくずれるくらい煮こんだものです。揚げ煮もあります。しっかりとから揚げにして魚をしょうゆ味で煮たものです。でも、どうも揚げ煮ではなさそう。

私は家にあった、いちばん大きい鍋にたっぷりと水をはり、カレイ二匹としょうがを入れてしょうゆを少し加え、火にかけてことこと煮こみました。中国のスープは味が薄いので、本当に淡泊です。

そして夕食。夫は大きなスープ皿に盛られたカレイのスープ煮に、しばしあ然としている様子でした。それでも一応、一口、二口食べたあと、見守る私に、日本の煮魚というものがどういうものなのかを、やさしく、かんで含めるように説明してくれました。でも、目は完全に点になっていましたね、あのときは。

夫は甘辛い煮魚を期待していたようですが、私はそういうものは食べたことがありません。さぞ、がっかりしたことだと思います。でも、ここで文句を言ってしまったら二度と作らなくなってしまうかもしれない、と思ったのでしょう。その後も何度もこりずに「煮魚が食べたい」とリクエストされ、魚料理で有名な野口日出子先生に教えていただきもして、いまでは甘辛く煮たキンキの煮付けも作れるようになりました。

じつは私には来日前、北京の日本料理店でどうしてもなじめない食べ物、というよりは味がありました。それは砂糖としょうゆで作る甘辛い味です。日本には甘辛いものが多い。北京では料理に砂糖を使うのは甘酢を作るときぐらいで、基本的には甘辛い料理はありません。もっとも同じ中国でも江南《ジンナン》に行くとありますから、あくまでも北京のということですが。

ですから、甘辛い卵焼きを夫は食べたがるけど作らないし、いまでもすき焼きは好きになれません。でも、少なくとも魚の煮付けに関しては、いまでは目いっぱい砂糖としょうゆをきかせて煮ています。そして、なによりも私自身が子どもの食べ残しの骨を、最後までちゅうちゅうとしゃぶっています。夫はそんな私を見て、

「いまどきは、おやじもそこまではしないよ」

と笑うのですが。

さて、この話には後日談があります。それはあのとき失敗して夫の目が点になったカレイのスープ煮。じつはその後、改良を重ね、いまはウー・ウェン流カレイのスープ、としてクッキングサロンのレシピに取り上げています。これが生徒さんたちに好評なんですね。一度、夫にも食べさせてリターンマッチしなくちゃ。

●カレイのスープ

鍋にカレイなどの白身魚２００グラムと水6カップ、酒大さじ3を入れて火にかけ、沸騰したら弱火で20分煮て、白菜の漬け物30グラムを加えてさらに10分煮る。塩小さ

じ1/3、酢大さじ2、こしょう小さじ1/2で味を調えます。白菜の酸味が食欲をそそるスープです。ほろっとほぐれるカレイの身もさっぱりして美味しい味わい。日本ではカレイは煮付けと唐揚げにするのがポピュラーなようですが、中国ではスープが好まれます。

妊娠中の食事と離乳食

長い歴史を持つ中国では、子孫を絶やさず、歴史を連綿と続けていくことを大切にします。

それは結婚するときに実家が用意する嫁入り道具にも表れます。嫁入り道具のすみに棗《ザオ》（ナツメ）と花生《ホアシヨン》（ピーナッツ）を忍ばせるのです。これは棗の字が早の字と同音のところから早くを意味し、女の子と男の子を意味するピーナッツと合わせて、「早くたくさんの子どもが生まれるように」という願いをこめる意味なのです。

私はナツメもピーナッツも花嫁道具には加えませんでしたが、考えてみれば両方ともふだん使う食材ですから、乾物入れに入っていたといえば入っていました。そのせいかどうかはわかりませんが、しばらくして妊娠し、翌年には出産することになりました。

妊娠。母はその知らせを聞いただけで大喜び。きっと自分たちの命がさらに続くのだと思ったのでしょう。さっそくいろんなアドバイスをしてくれました。私はお医者さまにもずいぶんお世話になりましたが、母から教わることも多かった。

「これからはね、あなただけの体ではないのだから、どんなことにしてもお腹の赤ちゃんを第一に考えなさい。それには気持ちを静かにしていなければだめ。なにがあっても赤ちゃんにいってしまうからね。男の子にしても女の子にしても、元気に産むことだけを考えるのよ。生まれてくる赤ちゃんは丈夫な骨と肌にしてあげることが大切だから、食べ物にはとくに気を配って」

というわけで、生まれてくる子どもの肌を丈夫できれいにするためには、アワやキビを食べなさい、と母に言われ、妊娠中はアワのお粥をよく食べました。ミネラルが豊富で、内臓を強くしてくれるからです。

食べ物以外はなにも自分を助けてくれないと思ったほうがいい、というのが母の持論。とにかくたくさんの種類の食べ物を食べるように言われました。

昔の中国では、お嫁さんはお姑さんには絶対服従でしたが、妊娠中の十カ月だけは例外だったそうです。お姑さんはじめみんなが、はれ物にさわるようにやさしくしてくれるのです。わがままも言いたい放題で、まるで女王様のよう。いくらきびしいお姑さんでも、この一年はお嫁さんに意地悪はしません。妊婦さんの気持ちを荒立てないようにすることが大切といわれているから、我慢です。跡継ぎが生まれるので、妊婦さんには手のひらを返すようにやさしくします。だから、お姑さんの前で自己主張しておくのは、この一年がチャンスといわれたものです。

私の場合は、お姑さんがいないのでふだんはラクなかわりに、このときはたいへんでした。なにせ、お産そのものがはじめてのうえに、日本の病院のこともよくわかりませんでしたから。でも、案ずるよりは産むが易し、とはよく言ったもので、無事、長女を出産することができました。

北京の産婦はクルミをすりつぶし、黒砂糖、卵、お酒で溶いたものを茶碗蒸しのようにして食べ、体力の回復を待ちます。もちろん自分では作りません。お姑さんや家族が作ってくれます。しばらくしたら、鶏のスープや母乳の出をよくする皮つきの豚肉料理、魚の煮こごりなどで、元気をつけていきます。そして、満月になったら、つまり生まれて一カ月がたったころから、母親は普通の生活に戻ります。このあたりから母親より子どもが大切になります。私もなんとか、そんな食生活を心がけるようにしていましたから、母乳もよく出るし、娘も元気で、あっという間に離乳食の時期になりました。

当時、週に一度は作っていたものに、とん足のスープ煮があります。東京では皮つきの豚肉は手に入りにくいので、簡単に手に入るとん足で代用した煮物です。とにかくコラーゲンが豊富ですから、女性にもおすすめです。

離乳食のきまりは北京にはありません。日本と同じように重湯《おもゆ》からはじめていきますが、赤ちゃんは湿疹がよく出るので、普通の重湯のほかにアワの重湯をよく食べさせます。ミネラルやビタミン類が多く、腸も丈夫になるといわれます。おなかをこわさない限り、離乳食はどんどん進めます。

子どもの味覚はとても早い時期にできるそうですから、責任を感じました。私の場合は味が濃くならないように、とくに気をつけていました。

●とん足のスープ煮

とん足2本はお肉屋さんにお願いして、ひと口大に切ってもらい、さっと下ゆでしておきます。それを鍋に入れて、さらに大豆の缶詰1缶、こしょう粒5粒、酒大さじ2、ねぎのぶつ切り10センチ分、塩小さじ½、水9カップを加えて、弱火にかけます。2時間ほど煮ると、白っぽく、とろっとしたスープになってきます。ここにたっぷり、美しくなるエキスが溶けこんでいるのですから、最後の一滴までどうぞ。

小麦粉をこねると心が落ちつく

中国の子どもたちは幼いころから家では親が、外に出れば屋台や店先で職人さんが小麦粉をこねるのを飽きることなく眺めて育ちます。

私もお手伝いよりは勉強が大事と言われて育ちましたが、それでも勉強の合間に母が小麦粉をこねたり、のばしたり、まるめたりするのを見ていましたし、ときには手伝いもしました。だから、日本に来て結婚し、子どもが少し手を離れるようになると、ごく自然に小麦粉料理を作るようになりました。もちろん最初は失敗もあったのですが、だんだん母のようになめらかな生地をこねられるようになりました。

皮をのばしたり、餡《あん》を包んだりと、小麦粉を扱う仕事のなかで、私がいちばん好きなのはこねる作業。白い粉がだんだんまとまって、しっとりと手になじんでくるようになると、なぜか気持ちが落ち着くのです。季節によって混ぜる水分や温度を調節したり、発酵の時間を変えたりと、まさに小麦粉は生き物のように微妙で繊細です。

子どもが一歳をすぎると、夫は時々、ふだんおつき合いしている料理の編集者の方々を、家にお招きするようになりました。きっと北京の普通の女の子（!?）が作る普通の家庭料理を知ってほしかったのでしょう。私もおもてなしをするのは大好きですから、喜んで料理を作りました。

そのころよく作ったのは、とん足や牛タンの煮物、魚の揚げ煮、エビチリ、麻婆豆腐、冬瓜《とうがん》やいんげんなどの野菜料理。もちろん、みなさんがお目当ての小麦粉料理は欠かせません。

そんなある日、以前、北京でS社の訪中団としてお目にかかったことのある、夫の仕事仲間のMさんから電話がありました。

「いま、料理の事典を作っていて、そのなかの水餃子を作ってほしいのだけど」

というお話です。

早速、夫と相談してお引き受けすることにしました。仕事はMさんに言われるままに餃子を作り、撮影をし、あっという間に終わりました。本の名は『料理食材大事典』（主婦の友社）。いま思えば、これが私の料理研究家としてのデビューで、記事には呉雯竹と本名で記されています。

この取材の翌年には、二人目の子どもが生まれました。上の子と二つ違いで、出産前後には北京から両親に手伝いにきてもらいました。両親は私たちの結婚披露パーティにも来日しているので、日本の生活にも多少は慣れていて、とても助かりました。でも、二カ月ほどで両親が帰ると、どこのお母さんもそうでしょうけど、一日がただあわただしいだけで終わってしまいます。

ただ、私の場合、救われていたのは夫の仕事場が近かったこと。とくになにを手伝ってもらうということはないにしても、いてくれるだけで助かることが多かった。

妊娠、出産、育児を通して、とくに働くお母さんにとって大事なのは、産休の長さもさることながら、保育園の充実、そしてなによりも夫の協力ではないでしょうか。いま、私のまわりにいる女性編集者には、三～六カ月で仕事に復帰したお母さんがたくさんいます。彼女たちは、出産による仕事のブランクをできるだけ短くしたかった、と言います。そして、そのためには、夫の協力が必要不可欠だとも。

私の毎日は家事と育児だけですぎていきます。それはとても幸せだけど、不安もましていく日々でした。なぜなら夫は私よりは三十歳近く年上で、クリエーターによくあるお金に無頓着な人。将来の設計はなにもできていません。

早く自分の仕事を見つけなければ、と子どもの寝顔を見ながらあせりで眠れない夜もしばしばでした。

負けずぎらいが取り組ませた小麦粉料理

下の子が五カ月になったころでした。N出版の編集長のSさんから電話です。

「今度、うちの雑誌でイタリアVS中国の小麦粉料理特集を組むんだけど、呉さんに中国を担当してもらえないかしら」

事典の一項目と違って雑誌の特集となると、きっと大変。でも、やってみたい。夫に相談してみると、

「作って食べてもらうだけなら、なんの問題もないけど、人に作り方を教えるには、粉や水の量を正確に計り、作り方をわかりやすくアレンジしなければ。それに日本の

女性は粉の扱いに慣れてないから、一回の量は少なめにして、簡単に作れるようにしないとね。レシピとしてそこがクリアできるなら、やってみたら」

という答えです。

北京の女性は小麦粉料理を作るのに、粉や水の量はいちいち計りません。粉袋から茶碗で食べる人数に合わせて適当な量の粉をすくってボールに入れ、水道の蛇口からじかに水を入れます。すべてが目分量と勘の世界です。母もそうでしたし、私もそうして作っていました。第一、計量カップもはかりも持っていません。日によって粉と水の比率は違うから、料理の本みたいに決まった数字にできるわけがない、それが私の小麦粉料理に対する持論でした。

夫が言うのは、そこのところなんですね。私の作り方では、人に教えられないのではないか、と。

——それって、すすめているのか、とめているのかわからないじゃない。

私も負けずぎらいですから、そう言われて引っこむわけにはいきません。

さっそく計量カップとはかりを買い、その日から二人の子を寝かしつけた深夜、ごそごそと起きだして、作る種類、使う粉と水の量、できあがりの数、それらをテストしだしました。それまでの小麦粉料理の本を買って調べもしました。明けても暮れても、テスト、テストの毎日です。

いちばん悩んだのは粉の量。日本の料理の本の材料は、基本的に四人前になっています。四人前だと使う粉の量は最低でも四〇〇グラムは必要です。ですから、本に出てくる分量は四〇〇グラムとか六〇〇グラムというのばかり。でも、四〇〇グラムだとはじめての人には、こねるのがむずかしい。それに餃子なら百個近くになってしまいます。初心者がいきなり百個の皮をのばし、餡を包めるわけがない。途中でお手上げになるのは火を見るより明らかです。

考えに考えた末、粉の量はこねるときに女性の手のひらにおさまる二〇〇グラムときめました。約二人分です。もし四人分作るなら、二度作ってもらえばいい。とにかくはじめて作る読者のためには、出版社にはこれで納得してもらうほかない、そう考えるとあとは比較的、楽でした。といっても、それは気持ちのうえでのこと。二〇〇グラムの粉を溶く水の量を、生地の種類に合わせてきめる。餃子なら四十個、肉まんなら八個というように、作れる大きさと数をきめる。餡の材料と調味料の分量をきめる。みんな時間のかかることばかり。作業が終わるのは、朝のこともしばしばでした。

大変なことは、もう一つありました。それは使う小麦粉を決めることです。当時、家の近くにTという小麦粉を数多く扱っているお店があり、そこには常時四十種類ほどの小麦粉がおいてありました。パン、ケーキ、うどん、餃子、スパゲッティなどを作るのに適した粉です。グレードも大衆品から高級品まで、産地も味もさまざま。私はスパゲッティを作るセモリナ粉以外は、ほとんどすべての粉を試してみました。その結果、読者がどこでも手に入れられる粉を使い、おいしくても入手がむずかしい粉を使うのはやめることにしました。

小麦粉には産地による独特の香りがあります。私は日本を旅行すると、できるだけJAのお店に寄るようにしています。なぜなら、そういうところには地粉《じごな》が売られているから。そうした粉を買って帰り、家で餃子や麵を作ります。すごく適したのもあれば、それほどでもないものもあります。でも、香りだけはみんないい。信州の粉には信州の香りが、四国の粉には四国の香りがあるように思えます。

そして、そんなときに思い出すのは、北京の粉の香りでした。手前みそと言われれば、それまでですが、北京の餃子は粉の香りがいい。でも、読者に、手に入らない北京粉をすすめることはできません。ならば日本中どこでも手に入る、いちばん一般的な粉、夜中に作ろうと思い立ったらコンビニでも買える粉にしよう。作りたてならどんな粉でもおいしいんだ、ということを知ってもらおう。これが私が、いまでも粉にこだわらない理由です。

でも、読者の方がこだわるのはご自由。いや、むしろこだわってほしいくらいです。あそこの粉がいちばん、そんなマイブームな粉が見つかればいいなと思っています。

約三カ月後、私の小麦粉料理レシピはすべてができあがりました。雑誌の撮影は半分を東京の自宅で、半分を北京の兄の家で行いました。東京では、二人の子どもは私設の保育園に、北京では両親に預けての撮影でした。

そうそう、夫のアドバイスで名前も言いやすいようにウー・ウェンと片仮名のペンネームにしました。親のつけてくれた呉雯竹を変えるのに抵抗はあったのですが、郷に入れば郷に従えで、納得したのです。まさに背水の陣、といった気持ちでした。

雑誌『H_2O』（NHK出版）の一九九七年の十一月号に、三十ページにわたって特集は掲載されました。

それからひと月ほどたったころでしょうか、記事を見たG社から単行本にしてみないか、というお話をいただきました。

本が出てしばらくすると、『3分クッキング』(日本テレビ)のプロデューサーのWさんからテレビに出ないか、とお声がかかりました。

こうして私は、日本に来るときには考えてもいなかった料理研究家の道を、たくさんの人に支えられながら歩むようになりました。

朝の健康チェック

上の子は幼稚園から小学校へ、下の子は三歳からやっと区立の保育園へ入園することができました。申請を出してから二年間、待ちに待った入園でした。そのころには私の仕事も、日増しに忙しくなってきていました。

毎朝、子どもを保育園に送り届けてから急いで家にもどり、仕事の準備をはじめます。それでも忙しいと思ったことは、それほどなかった。つぎからつぎへと追い立てられるなかで、忙しいと思う余裕すらなかった、と言ったほうが当たっているかもしれません。とにかくやるっきゃない、そんな毎日でした。

そんな生活でいちばん大事なのは子どもたちの健康。とくに保育園の子どもはちょっとでも発熱すると、すぐに引き取りに行かなくてはなりません。

保育園に子どもを預けて仕事をするお母さんが、いちばん大変なのは、たぶんこの急な引き取りではないでしょうか。うちもそうでした。ですから、今日あたりは電話がかかってくるかもしれない、そんな予測が必要でした。そのために毎朝、必ず子どもたちの健康チェックをするよう心がけていました。

わが家で毎朝、実行している健康チェックはというと、まず顔色と舌の点検。子どもたちは私に向かって「おはよう、あっかんべー」をするのが、毎朝の儀式です。私は顔色にいつもと変わったところがないかをさっと見たら、つぎは舌の色を見ます。きれいな色なら問題はないのですが、もし白い苔のようなものが厚みをもってついていれば、どこか具合の悪いことの合図です。たいがいは胃の調子が悪いのですが、さらに口臭があれば、体全体も不調なはずです。

こんなときは朝食は控えめにして、オレンジを絞って飲ませます。とくに子どもは胃が悪くなる前は暴食をしがちなもの。顔色がいつもと同じで舌も白くなかったら、いくらでも食べさせますが、ほっぺが変に赤かったり、舌が白いときは、たとえ食べたがっても抑えるようにし、果物や野菜、とくに根菜類を食べさせます。

もうひとつ、わが家の習慣になっていることは「ウンチの点検」です。「出た！」とトイレから聞こえてきたら「どれどれ」とのぞきに行きます。私が手を離せないときは流さないで、そのままにさせておいて、あとでゆっくり点検。

舌がだいじょうぶでも、ウンチを見ると変だな、というときがあります。毎日、量、やわらかさ、色などを見ていると、体のコンディションが自然にわかるようになります。ウンチがやわらかいときは、おなかの具合がよくないはずですから、おかゆを食べさせなくちゃ、ということになるし、逆にかたければ、繊維質が足りないのかもしれないから野菜たっぷりメニューに、という具合。とくに舌の白いときやほおの赤いときは、食べさせるよりもウンチを出すことが大事ですから、そうした食事を心がけます。まるでウンチで献立が決まるようなものです。

私も子どものころ、母に毎日、点検してもらいました。中国ではどこの家庭でもやっている習慣です。

だから、日本でも当たり前のようにやっていますが、子どもが小さいころ、よそのお宅におじゃましているときに、

「ママ、ウンチ出た。見て！」

とトイレから叫ばれたときは、さすがにちょっと恥ずかしい思いをしました。でも、他人に見せることができないことこそ、子育てでは大切だと思うし、それは母親だけができるいちばんの強みです。

自分の子どものことを、だれよりもわかるのは母親。母親以上に自分の子のことがわかる人はこの世の中にはいない、という自信が持てる親でありたいものです。

子どもが健康であれば、すべてがうまくいきます。そのためには顔色、舌、ウンチの三つでわかる健康チェック、明日からはじめてみませんか。

ご飯、お粥、パン、麵、なんでもありのわが家の朝食

朝食はシンプルですが、必ず食べます。

よくお友だちに「ウーさんの家の朝ごはんはいつもお粥？」と聞かれます。もちろんお粥もよく食べますが、白いご飯やパンも食べます。

朝食には二つのスタイルがあって、一つは毎朝決まったものを食べるスタイル。たとえばご飯にみそ汁に漬物が基本としてきまっていて、おかずが日替わりで登場する

スタイルです。私が日本に来て、最初に下宿していたSさんのところがそうでした。きまっているといっても、みそ汁や漬物の中身は毎日、変わりますから、季節感は十分あるし、それはそれで飽きません。

二つ目は毎朝、違うものを食べるスタイル。まず主食がご飯だったりお粥だったり、パンだったりします。わが家はこの毎朝、主食が違うスタイルで、日によってはワンタンや麵、花巻《ファジュアン》などの小麦粉料理のこともあります。

夫は、

「朝ご飯は、本当はきちっときまっているほうがいいんじゃないの?」

と言いますが、それ以上、強くは主張しません。きっと白いご飯にみそ汁派なのでしょうが、パンも捨てがたいし、たまにはお粥やワンタンも悪くない。えらそうに言っても本当は日和見派なんですね。

私が子どものころ、母はいろいろなものを食べさせてくれました。揚げたての油条《ヨウティアオ》(揚げパンのようなもの。パリパリしている)とお粥のセット、餅《ビン》(お焼きのようなもの)、ワンタンなどです。いずれにもヨーグルトと豆乳が加わります。

北京のヨーグルトは陶器のつぼに入っていて、酸味と甘味とやわらかさのバランスがなんともいえなくいいものです。いまでも変わらずに売られていて、日本から来る旅行者にもファンは多く、ヨーグルトはどこで買えるの？　とよく聞かれます。街角のスタンドのようなところでも売っていますから、もし北京に行くことがあったら、さがしてみてください。

ついでにもう一つ、北京の朝食でチェックしておきたいものに、豆腐脳《ドウフナウ》があります。豆腐脳は簡単に言うと型でかためていない、極端にやわらかな豆腐です。たいていはちょっと苦みのあるくずあんに浮かせて、スプーンですくって食べます。それ自体の味はどちらかといえば苦みが勝ったもので、ひと口目から「おいしい！」と叫べるものではありません。でも、食べ進んでいくと、口の中がとてもさわやかになるのです。老北京《ラオペイチン》、つまり昔の北京っ子の好物で、作り手はそのやわらかさの微妙なところを競い合いました。どこそこの豆腐脳がいちばんだ、とお年寄りたちが朝から議論をしている光景もよく見られました。いまは時代のせいでしょうか、豆腐脳も昔ほどやわらかくなく、あんも苦みを避けて甘いものまで出てきました。でも、なかには昔ながらの味で勝負している頑固おやじもいますから、やはり要チェックです。

つい北京の話になると長くなりますが、わが家の朝食。

お粥に関しては次項でお話しするとして、主食がご飯であれパンであれ、欠かさないのが果物。新鮮なものからドライフルーツ、ときには煮た果物のこともあります。たとえばナシやリンゴを氷砂糖で煮て、冷たく冷やしたもの。白きくらげを入れることもあります。私はプレーンヨーグルトといっしょに食べるのが好き。

果物にはビタミンCだけでなく、頭の栄養になるブドウ糖もたっぷり。朝、食べればすぐにエネルギーになって、一日を元気にすごせます。二、三種類の果物を一口大に切ってレモンシロップをかけ、ヨーグルトにのせたり、コーンフレークスといっしょに食べたりもします。

卵も欠かせませんね。食べ方はふつうに焼いたりゆでたりです。姉のほうは近ごろ、ゆで卵のエッグスタンドに凝っていて、いろいろ目先を変えて楽しんでいます。ウサギやら花やらのかわいいものを、自分で選んで買っています。弟はお調子者ですから「お姉ちゃんの、かわいいね」とか言うだけで、自分は食べられればなんでもいいようです。きっと父親似なんでしょう。

●梨とレモンの氷砂糖煮（口絵・付録レシピ参照）

お粥は朝も夜もおすすめ

私は、大人、とくに中高年には、お粥の朝食がいいと思います。

朝、目が覚めても、内臓はまだ起きていません。そんなときに温かくて、胃に入れたときにやさしいお粥が、じょじょに体を起こしてくれます。

中国語では「食べる」ではなく「飲む」と表現するくらい、お粥は流動食なので消化がいい。すぐにお腹がすきます。このすぐにお腹がすく、つぎの食事が待ち遠しいというのが、お粥のすぐれたところです。

中国では、一日のうちで最も栄養を大事にする食事は昼食と考えます。昼ご飯には肉や野菜をたっぷり摂らなければいけません。そのために大切なことは、昼どきになるとお腹がすくこと。朝食のお粥は腹持ちしませんから、昼になるとお腹がグウグウ鳴るくらい。そこがいいんですね。

ふつうの食事はなるべく腹持ちがいいことが大事ですが、お粥だけはお腹をすかせる、それも絶食などと違って健康的にすかせるところに長所があります。いってみればお腹の掃除機です。お腹のなかをきれいに片づけて、すき間をいっぱい作って、つぎの食事がおいしく食べられる用意をしてくれる。ですから、病気のときも、とくに回復期にはお粥がいい。

「なんだかお腹がすいたみたい」

病人にとってはこの感覚が気持ちの上でも体の上でも、とても大事なのですね。お粥にたんぱく質のような栄養はいりません。穀物にいっぱい含まれているミネラルのような微量栄養素を摂取するだけで十分です。肉やエネルギーになる栄養は、必要に応じて添えるおかずで摂ればいいのです。また、お粥は白いご飯と同じで、塩味はつけません。味をつけた具入りのお粥は、ご飯でいえば炊きこみご飯と同じで、お粥とは区別します。

お粥というと朝粥という言葉もあるように、朝食のものと決めている方も多いかもしれません。体の機能を活性化してくれるし、新陳代謝も活発にしてくれるから。でも、わが家では晩ご飯をお粥にすることもしょっちゅうです。とくに冬の夜には体も暖まるし、乾燥した空気のなかで水分を補うにも具合がいい。胃にももたれないということで、中高年だけでなく、若い人や子どもにも夜粥はおすすめです。栄養はおかずでたっぷり補います。

お粥は米から作るもの、となっているようですが、およそ穀物と名のつくものはすべてがお粥になり、主食として食べることができます。なかでも雑穀といわれる穀物は、昔からの食べ物で、いまは低農薬、低肥料で育つものとして注目されています。雑穀を使うときの注意点としては、精製されていないので、よく洗うこと。

わが家ではいま、米、黒米、アワ、キビ、大麦、トウモロコシなどのお粥をよく食べます。あずきなどの豆を入れることもあります。

じつは息子は三歳のときにぜんそくを発病しました。病院に行き、治療を受けたのですが、なんだか手が震えています。薬がきつかったのでしょうか。お医者さまに聞くと、

「副作用はありますけど、その分、効果も期待できます」

ということでした。

なんだか、息子に申し訳ない気持ちになりました。こんな小さな体で、いいのだろうか、と。

すぐに母に電話して、

「友だちのお子さんがぜんそくなんだけど、中国ではどんなものを食べさせるの」と聞きました。うちの子というと心配するので、うそをついて。

翌日の電話で、雑穀を食べるように、と言われました。雑穀はきびしい環境の中で育っているので栄養価が高く、体の老廃物を排出するので体質改善をする力がある、ということでした。

以来三年、雑穀のお粥やご飯を続けました。夫は、ぼくは死ぬまでに一度でいいから白いご飯を食べたい、などと冗談を言いましたが、もちろん協力してくれました。

発作の回数は徐々に減り、七歳のころからまったく影をひそめました。息子のぜんそくが、いわゆる小児ぜんそくで自然に治癒したものか、食べ物で治ったものかはわかりませんが、いずれにしても雑穀のおかゆが体質改善に効果があるのは、定評のあるところです。

夫は風邪をひくと、お粥に梅干しがあればいい、と言いますが、北京では体が弱っているときは酸味のあるものは食べませんね。梅干しよりはごま油をたらしたら、と言ったら、とんでもないと怒られました。お粥ひとつでも、ずいぶん食文化は違うんだなあ、と思いました。

私はお粥のことを話しだすととまらなくなります。紙幅がないのでこのあたりでやめますが、もし、もっと知りたいと言う方には、宣伝めいて恐縮ですが小著『北京のやさしいおかゆ』(高橋書店)をおすすめします。きっとお役に立つと思います。

わが家自慢のかつお節削りで作るみそ汁

わが家の食事は日本食が多い。仕事では中国料理ばかりですが、じつはわが家では日本食をよく食べます。

私が日本の料理でいちばん好きなのはみそ汁。だしをきちんととれば、本当においしい。和食の基本はだしと聞き、最高のかつお節削りを買って以来、毎日削っています。最高とあえて言うのには理由があります。

以前、野口日出子先生に、築地の市場に連れて行っていただいたことがあります。あのときは楽しかった。

先生はご存じのように天真爛漫で底抜けに明るい方。テレビや写真でご覧になった方はご存じでしょうが、真っ赤なジャンパー姿の先生と、朝、築地駅の出口で待ち合わせました。先生はまず場外のとあるお店につかつかと入ると、真っ赤なゴム長《なが》（なんと預けてあるんです！）にはきかえて出てこられました。

先生は早速、場内のプロが買う、行きつけのお店に私を案内してくださいました。そこで私は活きのいいカレイを見つけたんですね。カレイに関しては前にお話ししたスープ煮の一件があって、すぐに目がいくわけです。先生にちょっとだけと思って煮方をうかがったら、先生はお店のご主人に、

「ちょっと、○○ちゃん、まな板と包丁を貸して」

と言って、営業用のまな板と包丁を借りると、なんと店先で！　持ち方（カレイに持ち方があるとは！）から下ごしらえまでを実演！　してくださいました。

その朝は、その後も「！」の連続で、そのときにこのかつお節削りとかつお節を選んでいただいたのです。最高と言ったのは、そういう意味なんですね。

かつお節削りはいまは子どもたちも好きなお手伝いで、競い合って上手に削ります。でも、少しもたまらない。どうして？　子どもたちは削った先から食べてしまうのです。やはり削りたてはおいしいんですね。

みそ汁の具は豆腐、じゃがいもと玉ねぎ、わかめが好き。たいていはそれに油揚げ

を加えます。あさり、しじみもよく作ります。具だくさんは体にはいいのですが、みそ汁としてはほどほどがいいですね。ですから、朝食のみそ汁はさっぱりと汁感覚を大切に、夜は具だくさんにしておかず感覚で作ります。

みそはとくにこだわりません。というよりは、こだわるほど日本のみそにくわしくない。ふつうの信州みそや仙台みそです。甘みが少なくて、塩味がきりっとしているのが好きですね。

以前、結婚してしばらくのころ、夫が、

「ぼくの家庭料理の原風景は、朝、母親がトントンとまな板でねぎを切る音がして、やがてだしとみその香りがふわーっと漂ってくるんだ。眠いけどお腹がすいているから、つい起きてしまう。それはぼくが子どものころの風景だけど、いまなら釣り宿で、朝、まだ暗いうちに宿のおかあさんが作る、みそ汁の風景かな」

と言っていたことがありました。

その風景は、私にもよくわかります。北京にはみそ汁もだしの香りもないけど、母の作る饅頭《マントウ》の香りや湯気、卵とトマトを炒める音、これらは私のなかから消し去ることのできない記憶になっていますから。

この話はその後、ずっと忘れていたのですが、このあいだ、なにかのきっかけでふと思い出しました。そうね、日本で子育てをしているなら、せめてみそ汁だけは日本式に作ってみよう。最初は軽く、そう思っただけでしたが、いまやわが家では私がいちばん、みそ汁党。

炊きたての白いご飯、納豆、お刺身、そしてみそ汁、みんな私の大好物。これがわが家で日本食が多い理由です。

わが家の夕食はスープが中心

みそ汁についてお話ししたついでに、北京の汁についてもちょっとお話ししましょう。

まず、中国語では汁というと、液、エキスの意味になります。豚（中国語では猪）汁はとん汁ではなく、豚肉のエキス。胆汁が胆のうのスープではなく、胆のうから出る液を指すのと同じですね。

では、汁のことはなんというかというと、湯《タン》と言います。

北京の湯は日本の汁と少し違います。まず味が薄い。日本のみそ汁の塩分濃度に慣れた舌だと、たぶん味をつけ忘れた、と思うのではないでしょうか。仮に日本の汁の塩分を水五カップに塩小さじ一とすると、湯なら塩は小さじ三分の一ぐらいです。これには理由があって、北京では生水が飲めないのと空気が乾燥しているので、湯には水分補給の役目があるからです。文字通り湯。だから、味も薄いのです。

湯には具もあまり多くは入れません。では、いわゆる具だくさんの汁物はというと、それには羹《ガン》があります。「羹《あつもの》に懲《こ》りて、膾《なます》を吹く」の羹です。羹は具をいっぱい入れて、味もそれなりにしっかりつけた、おかず感覚の汁物。仕上げにとろみをつけるのが一般的です。

わが家ではそのほかにポタージュのようなスープもよく作ります。あとお雛祭りに、はまぐりのお吸い物も作りますね。みそ汁やお吸い物は日本の味の濃さで作りますが、そのほかの汁物はたいていは薄味で作ります。

みそ汁、お吸い物、湯、羹、スープ。ややこしいのでつぎからは、みそ汁以外はすべてを総称してスープと言うことにしましょう。英語の片仮名表記にすると、なんとなく納まってしまうところが便利です。

わが家の夕食はスープを中心にします。家族の体調を整えるには、スープがいちばん。作るスープはだいたい決まっていて、季節の野菜をたっぷり入れたもの。たとえば、前にお話しした子どもの朝の健康チェックで、便がかたいときやほおの赤いときには、根菜スープを作ります。ごぼう、にんじん、れんこん、さといも、とにかく根菜と名がつくものならなんでもいい。七ミリ角ぐらいのさいの目に切って、ことこと煮るだけです。セロリもいいですね。要はあり合わせの野菜を使います。

味は日本の汁よりは薄く、北京の湯よりは少し濃くといった感じ。だしはほかのおかずに肉類があるときは加えず、根菜から出る味をだしにします。肉類がないときは豚肉を加えます。味つけはみそと塩を半々ぐらい。塩だけではちょっと物足りないのでみそを足すといった感じかな。とん汁に近いかもしれません。仕上がりにごま油をたらすとコクがでます。

だしに固形スープを使ってマカロニを入れると、子どもたちの大好きなミネストローネ風になります。これも体調回復にはいいですね。でも、野菜の切り方はあくまでもさいの目、中国でいう丁《ティン》です。

私は材料も味も、中国以外のものでも比較的、抵抗なく受け入れられます。なかには甘辛味や生卵のように、ダメなものもありますが。

ただ、切り方については、どうしても自分流の切り方に固執するところがあります。以前、ある料理編集者に、ウーさんの料理は雑誌でもテレビでも切り方を見ればわかる、と言われたことがあります。

自分ではあまり切り方を意識したことはないし、専門的に教わったわけでもないのですが、たしかに切り方にはこだわりがありますね。

この料理には絶対、この切り方でないとダメというような。とくに野菜スープにはそれがあります。材料はなんでもいいけれど、切り方はきちっと切りそろえないとおいしくできあがりません。野菜の火の通りは意外に早く、不揃いだと煮えすぎて溶けるようなものと、生のものがでるからです。薄く切りすぎるのも、煮上がりが不安定でダメ。結局、さいの目がいちばん安定しているように思えます。

このほか、わが家で作るスープは決まっていて、先ほども述べたように季節の野菜がたっぷり入ったものが中心です。

以下、簡単に記しておきましょう。これを飲むと、翌朝は体が軽くなったようにすっきりします。ぜひお試しください。

●かぼちゃやじゃがいものポタージュ

かぼちゃ、あるいはじゃがいもをゆでて裏ごしし、牛乳でのばします。味をみて物足りなければ固形スープの素を少量溶かし入れ、さらに味をみて、塩であっさりと薄味にし、仕上がりに生クリームを加えます。かぼちゃもじゃがいもも味にはとても差があるので、必ず味をみてからスープの素を加えること。おいしいものなら必要ありません。

●春のキャベツスープ

固形スープの素を溶かしたスープにキャベツを粗く千切りにして入れ、さっと煮ます。味をみて塩を加え、あればベーコンを小さく色紙切りにして加えると、風味がよくなります。器に盛ったときに、水面からキャベツがはみ出すくらいにキャベツをたっぷりと。

●夏のトマトのスープ

トマトは湯むきをして、ざく切りにします。固形スープの素を溶かしたスープに入れ、溶けない程度にさっと煮ます。味はトマトの酸味が際だつように、塩少々を加え、溶いた卵を流し入れ、仕上がりに水溶き片栗粉でとろみをつけ、こしょう、ごま油で香りをつけます。

●秋のきのこのスープ

きのこはあり合わせのものを、できれば種類を多く、それぞれ石づきを取り除き、適当に切りそろえます。鍋に水と水炊き用鶏肉を入れてぐつぐつと三〇分ほど煮、きのこを入れて、さらに一〇分ほど煮て、塩、酢で味を調えます。仕上げに黒こしょうをたっぷりとふり、好みでごま油も加えます。

●冬の大根スープ

鍋にサラダ油を熱し、ぶつ切りにしたねぎを入れて香りが出るまで炒め、水を加えて煮立たせたら、皮をむいてたんざく切りにした大根を入れて一〇分煮ます。仕上げに塩、こしょうで味を調えます。大根の量は器の底が見えないくらい。ねぎは一人七センチ分ぐらいに。

朝の一〇分掃除

クイズです。北京の住宅は、西洋式に土足の生活か、日本式に靴を玄関で脱ぐ生活のどちらでしょう？

もしこんなクイズがあったら、正解はとてもむずかしいですね。

北京の大多数の家庭では、外出から帰ると靴をスリッパにはきかえます。でも、お客様には靴のままで上がっていただく家も多いですね。床はフローリングやカーペット、リノリュームのような床材の家もあれば大理石やコンクリートの家もあります。日本のような畳はありません。ベッドと椅子の生活です。

スリッパにはきかえるのは、外の泥を家のなかまで持ちこまないためですが、足が靴のままでは疲れるからという理由もあります。階下への靴音の配慮という場合もあります。

そんな生活ですから、床掃除は家によってみんな違います。あまり掃除はしないで土足同然の生活をしている家から、よく床掃除をしてきれいなスリッパ生活をしている家までさまざま。

母の家は、北京ではまちがいなく掃除をよくしているほうです。どんなに寒い朝でも起きたら、さっと着がえ、ぞうきんを何枚かもって、フローリングの床をどんどん拭いていくのです。まるで体操でもするように、毎回、きまった順序できめられたところを。ですから、私が子どものころ、起きたときには家の中はすっきりときれいに片づいていました。

そんな環境に育てば、私も同じです。毎朝、起きたらパジャマのままでぞうきんをもち、一〇分掃除と名づけている、居間、廊下、キッチン、トイレの拭き掃除をはじめます。まだ家族は寝ていてひっそりしていますが、ぞうきんがけならうるさくないので、だれも文句は言いません。

「掃除しにくいところをていねいに」

母がいつも言っていたように、テーブルや椅子の下、部屋のすみなどのほこりのたまりやすいところをきれいにしていきます。

わが家にも掃除機はありますが、ほとんどしまいっぱなし。年に何回か壁や戸棚の裏などを掃除するときに使います。東京で掃除機を使わない家は珍しいかもしれませんが、ぞうきんだけで十分、きれいになるのです。

最初のころは、夫にパジャマ姿をあきれられたこともありましたが、これは習慣だからやめられません。これをやらないと一日がはじまらない。

床を四つんばいになって、全身を使って掃除をしているうちに眼も覚めて、すっかりスイッチが入ります。そして一〇分掃除が終わるころにはおなかもすいてきて、朝食の準備もはかどります。家のなかがきれいになるだけでなく、いい運動にもなって、まさに一石二鳥。

ただ、この一〇分掃除には一つだけ欠点があります。それはひざをついて床掃除をするものですから、ひざ小僧の下に掃除ダコができること。残念ながらミニスカートは、もうはけません。

先日の朝、新聞を読んでいる夫にそう言ったら、

「それはよかった」

ですって。

さあ、そろそろ子どもたちをたたき起こさなくちゃ。

子どもとはじめた、お茶のお稽古

北京から東京に来て、早いものですね、もう十四年になりました。娘と息子が生まれ、日々子育てはがんばっていますが、異国にいる私は、その国の文化をわが子に教える自信がもてません。なにかいい方法はないかしら、と思っていたところ、夫からお茶をはじめたらどうか、という提案がありました。

幸い、すぐに教えてくださるところも見つかり、早速、お稽古をはじめました。学校の時間があえば娘も同行させます。

先生は京都から東京の教場へのわざわざの出稽古です。その貴重な月に一度のお稽古日に、仕事の都合で参加できないことも多いのですが、日本の伝統的な文化に触れたいし、細々でも続ければ、なにか身につくのでは、と思い、通っています。

お茶のお稽古からは、さまざまな所作や着物のマナーなど、学ぶことがたくさんあります。とても奥が深く、興味がつきません。また、四季折々のお菓子や飾り物、花など、中国とは違った文化に触れるのは新鮮です。中国との文化の違いから教えられることはたくさんあるし、比較することによって、新しい発見もあり、私も勉強できるいい機会だと思っています。

そんな経緯もあって、この春、根津美術館で催された「南宋絵画」展を見ました。南宋は十三世紀に杭州を都にした時代で、歴代の皇帝には文人が多く、すぐれた文化が栄えた時代です。なかでもその絵画は、茶の湯の発生に深く関わったといわれます。

展覧会で見た絵の数々は、私にとっては初めて見る中国絵画の世界でした。私はそれまで中国絵画は故宮博物院や上海美術館をはじめ、各地でそれなりに見てきました。でも、根津美術館で見た絵は、それらとは似て非なる世界のものでした。私は美術に関してはまったく無知なので、単純に表面的なことしかわかりません。そのレベルでいえば絵がシンプル、小さい。でも、インパクトはものすごくある。それまで見た宮廷所蔵の絵画というと、その権威を誇るために、大きくて絢爛《けんらん》なものが多いのとは、まさに対照的でした。

私はまだ、言葉でしか知りませんが、ひょっとしたら「わび」「さび」というのは、こういうつきつめたシンプルな世界のことかもしれない。そう思うと、なにか名状しがたい感動が背中を走りぬけました。

お茶には、あるつきつめた世界があるように思います。お稽古で先生が見せてくださる袱紗《ふくさ》さばきやふすまの開け閉めにも、それは感じられます。いや、ただ座っているだけの姿勢にも見ることができるのです。その世界はすべてを単純化し、省略化した世界、いわば引き算の世界です。

料理にも足し算と引き算の世界があります。たとえば料理屋さんで世界三大珍味を盛り合わせた料理を、だから世界一豪華と称する類のもの。これは足し算の料理。値段を高くするための足し算です。逆に家庭料理では、いかに安く作るかが大事。どこまでシンプルにできるか、引けるものはすべて引いていく引き算の世界です。ひょっとするとお茶は、私の求める家庭料理が目標としているものをもった世界なのかもしれない。

そんなことを考えながら帰りに、「鶉図《うずらず》」と「茉莉花図《まつりかず》」の複製画を買いました。うちわぐらいの大きさの絵ですが、「鶉図」は国宝に指定されている名画です。また茉莉花とはジャスミンのこと。北京っ子が最も好きなお茶の香りのもとになる花で、ひと目見て、私も好きになった絵です。早速二枚をスタジオに飾り、いまは朝に夕にあきずに眺めています。

お正月に初釜があり、私も娘も着物で参加しました。美容院で着つけてもらって、記念撮影をしてと、一日がかりです。娘も窮屈な思いをして、はじめはご機嫌ななめでしたが、はじめての着物はお気に召したようで、「また、着たい」とのこと。娘といっしょにすごす、ぜいたくな時間。忙しい日常から離れ、気持ちをリフレッシュする、かけがえのないひとときです。お茶のように親子がいっしょにできるお稽古は、なんだか私にもやる気を起こさせてくれます。

わが家のお正月料理は日中合作

いまのわが家のお雑煮はちょっとおもしろい。夫の希望で鶏肉と小松菜のしょうゆ味の関東風を作ります。でも、おもちには北京が……。

小さく切ったおもちを餃子の皮で包む「もち餃子」にしているんです。日本のおもちをそのまま食べるのではなく、私ならではのアレンジにしてみました。昆布とかつお節のだしに、モチモチした皮に包まれたおもちがすごくおいしい。

私は皮は手作りにしていますが、市販の水餃子用の皮でもだいじょうぶです。おもちは市販の切りもちを六個に切り分け、包みます。好みで二つぐらい入れてもいいでしょう。そのままお雑煮に入れて、ゆでてもいいのですが、ちょっととろみがつくこともあります。下ゆでしてからお雑煮に入れたほうが、仕上がりはきれいです。ゆで上がるには意外に時間がかかります。八分ぐらいでしょうか。

お箸で餃子をつまんで、なかのおもちがやわらかくなっていればできあがり。おつゆをすすり、餃子を一口でほおばると、東京のだしの味と北京の餃子の歯触りがとても新鮮です。

この「もち餃子」は鍋料理の最後に入れたりもします。しゃぶしゃぶや水炊き、味をつけた寄せ鍋などでもおいしいんですよ。

作るときは子どもにも手伝わせます。具がおもちなので子どもにも包めるからです。家族で作っていると、ちょっと北京の春節みたい。うれしくなります。

わが家のお正月料理では黒豆とごまめが欠かせません。黒豆は土井勝先生、ごまめは善晴先生のレシピで作ります。

土井先生の黒豆はご存じの方も多いと思いますが、問題はあの黒豆を漆黒に煮上げるのに必要といわれるさび釘ですよね。東京のマンション暮らしでは手に入れようがなく、ですから、いままでは煮上がりの色がなんとなく物足りませんでした。ところが今春、北京で取りこわし中の旧い胡同《フートン》にでくわし、おあつらえ向きの古釘をたくさん拾いました。ですから、暮れには胡同の釘で黒豆を煮ます。これはいまから、とても楽しみにしています。

土井善晴先生のごまめは、あめ煮がさっぱりしていて、子どもたちも大好きですね。体にいいので、お正月でなくてもよく作ります。

あとはお煮しめも作ります。私は鶏肉と一度に煮てしまう、炒め煮にします。だしは鶏がらからとり、野菜は根菜がメイン、切り方はすべて乱切りに。結び昆布も入れます。さっぱりとしょうゆ味で仕上げるのがわが家風。

おもしろいのはこの料理は北京では昔から雑煮《ザージュウ》といわれること。雑は悪い意味ではなく、いろいろ入った豊かなという意味です。日本のお雑煮の語源については知りませんが、ひょっとしたら、どこかでつながっているのかもしれませんね。

お正月料理といえば重箱。でも、わが家には重箱はありません。中国のうつわにもやきものの重ね箱はあるので、それを使うこともあります。

また、九枚のお皿がセットになった組み皿を使うこともあります。九は久に通じて縁起がいいのです。

子どものいる家でお正月といえば、お年玉がありますね。北京も同じですが、袋ではなく、赤い紙にお金を包みます。昔は専用の壺があって、そこに入れたといわれますが、いまは子どもが自分で管理をしている家が多いようです。

お正月――子どもたちのざわめき。テレビのお笑い番組。たこ揚げ。青い空。東京も北京もあまり変わりません。

●北京雑煮

鍋にサラダ油を熱し、水炊き用鶏肉を入れて炒め、肉の色が変わったら皮をむいて乱切りにしたさといも、にんじん、れんこんを加えて炒めあわせます。酒、こしょう、薄切りにしたしょうが、しょうゆ、水を加え、煮立ったら弱火にしてふたをし、三、四〇分煮ます。塩で味を調え、汁気がなくなるまで火を調節して煮ます。

ふだんのおかずにしても、お弁当に入れてもおいしい一品です。

東京、北京。これだけ違う野菜の切り方

前に私は、とくに野菜の切り方にはこだわりがあるとお話ししましたが、ここでもう少しくわしくお話ししてみましょう。

たとえば私は、大根と牛すね肉の煮物やぶり大根の大根は、輪切りにしないで乱切りにします。この場合の乱切りとは、素材に対して斜めに切るという意味です。なぜ斜めに切るのかといいますと、切断面が直角に切る輪切りに比べて大きくなるから。

植物は根元から葉の方向にすじが通っています。すじは血管のようなものでかたいから、煮えにくいし、味も含みにくい。斜めに切ると、直角に切る輪切りに比べて、すじの切断面が広くなるので、煮えやすく、味も含みやすくなるわけです。太い大根なら半分に縦割りにしてから乱切りにします。乱切りの角度も、できるだけ鋭角に切ります。

同じ理由で白菜を炒めるときも、軸は斜めにそぎ切りにします。それも相当に斜めに。こうすると、火が通りにくく、味も含みにくい白菜の軸が、葉先と同じような時

間で火が通り、味も含むようになります。

きゅうり、なす、にんじん、ねぎなども同じように斜めに切ります。香り出しに使うねぎは、縦割りに近いくらいに斜めに切ります。

じつはこうした斜め切りは、北京では切り方の基本であり、習慣にさえなっています。なぜかしらと、以前考えたことがありました。考えられる理由はこんなところではないでしょうか。

北京では昔から生水が飲めませんから、生野菜も食べませんでした。いまはハウスものも多くなって野菜サラダも増えましたが、ほんの数年前までは生野菜はタブーとされていました。日本のように水がきれいで、水で洗えば食べられるのとは大違いです。野菜はすべて、火を通して食べます。でも、火を通しすぎると、ビタミンCをはじめとする大切な栄養がなくなってしまう。できるだけ生に近い仕上がりにするためには、短時間で火を通すことが必要になるのです。でも、短時間なだけでは、味がしみこまない。おいしくないのです。そこで北京っ子が考えた切り方が斜め切りです。斜めに切れば火の通りも早く、味の含みも早い。しかも単に小さく切ったり、薄く切ったりするよりは見た目が大きくて立派。こうして斜め切りは、北京っ子のあいだにすっかり定着したのではないか、と。

そういえば、以前こんなことがありました。

家族で里帰りしたときのことです。昼食になり、夫がめずらしく、

「お母さん、今日はぼくが一品、作りましょう」

と言って、きゅうりもみを作りはじめました。

きゅうりをまな板にのせ、西洋包丁で例のトントンと切る小口切りで切りはじめました。独身生活が長かったせいか、夫はそれなりに料理上手で、結構テンポよく切っています。

母はそばでそれを見て、目を丸くしています。夫は受けていると思ったのでしょう、さらにテンポを上げてトントン切ります。私は夫の得意げな顔を見て黙っていましたが、じつは母が驚いたのは包丁さばきにではなく、きゅうりの輪切りをはじめて見たからなんですね。

食事の時間になり、夫は母に、

「いかがですか、日本のきゅうりもみは」

と聞きます。たぶん、すばらしい包丁さばきね、という答えを期待していたのでし

ょうが、母は薄いきゅうりをそっと一切れ、口に運び、精一杯の笑顔で「好吃《ハオチー》（おいしい）」と答えていました。でも、私には甘酢の味はともかく、その切り方に母がなじめない様子がよくわかりました。

北京にはきゅうりを輪切りにする習慣はありません。まったくかどうかはべつにして、ふつうは切りませんね。同じトントンと切るにしても斜めに切ります。もし北京っ子がきゅうりもみを作るとしたら、二、三ミリ厚さの長い斜め切りにしてからせん切りにするでしょうね。でも、東京っ子の夫にとって、きゅうりもみのきゅうりは、絶対に輪切りのようです。たかがきゅうりもみですが、北京と東京のあいだにはお互いに譲り合えない溝があるんですね。

え？　うちですか。わが家では東京式きゅうりもみと、北京式きゅうりのあえ物の両方を作ることで、溝をうめています。溝をうめるには、やはりそれなりに手間がかかります。

つぎに同じきゅうりを例にすると、私がこれだけは絶対、この切り方で作ってほしいという料理があります。それはきゅうりの回鍋肉《ホイゴウロウ》。作り方はあとで記すとして、ここでは切り方だけを説明します。まず、きゅうりを三センチ幅に斜め切りにします。

つぎに切り口を上下において三ミリ厚さに薄切りにします。こうして切ると切った形は菱形にできあがり。きゅうりもみに慣れた日本の人には、たぶん、きゅうりがこんなにしっかりした野菜だったのかと、驚かれるのではないでしょうか。

日本に来て、日本の野菜料理の繊細さに驚きました。きゅうりもみもそうですが、菊花《きっか》かぶ、梅花《ばいか》にんじん、茶せんなす、みんな繊細な包丁さばきの料理です。見た目がきれい。美しい。中国の野菜料理はそれに比べるとおおざっぱというか、いいかげんです。でも、なにも考えずに切っているかというと、そうでもない。最初の話にでた大根の乱切りでは、形はすべて不ぞろいでおおざっぱのようですが、一つひとつの煮上がり、味の含みはきちっとそろうように切るのです。口に入れたときの歯触り、味の含みがおいしければそれでいい。そこには中国料理ならではの、実質重視の味の世界が広がります。私は、家庭料理では実質が第一だと思っていますから、そんな北京の家庭料理を日本の人に知ってほしい。

おしまいにサラダについてちょっと。中国語でサラダは沙拉《サーラー》と言います。最近はレストランでもサラダメニューは結構、充実しています。機会があったらぜひ、お試しください。たとえばメニューに小紅蘿卜沙拉《シャオホンローボーサーラー》とあればラディッシュのサラダのこと。

蘿卜は大根です。注文するとお皿にラディッシュが数個、そこにマヨネーズがかけてあるだけの愛想のないものがでてきます。でも、怒らないでください。北京では生野菜を供するだけでも斬新ですし、マヨネーズはそれだけで文化的な調味料なのですから。なお日本式中華ドレッシングはありません。中国人にとって、あの味はあまり好みではないようです。

東京と北京は、飛行機なら三時間ちょっとで往き来できる距離にあります。でも、一生かかっても往き来できない生活習慣の違いもたくさんある。この違いはせめて知識で、互いに知り合うということで、往き来できるようになってほしい。東京生活が長くなるにつれ、この思いはますます大きくなるばかりです。

●きゅうりの回鍋肉

回鍋肉とは一度ゆでた豚肉を、ふたたび鍋に戻して炒める料理のこと。豚肩ロースをねぎやしょうが、こしょう粒をともに煮て、作ります。そのときの汁はスープにしてもおいしいし、肉はそのまま食べても、いろんな野菜と炒めたりしてもおいしい。

さて、このゆで豚を使ったきゅうりの回鍋肉をお試しあれ。ゆで豚を薄切りにし、本文のように切ったきゅうりと炒め、酒、しょうゆ、豆板醤で味を調えます。きゅうりに火を通しすぎないように気をつけてください。さわやかな味わいです。

私の台所道具。主役は炒め鍋と包丁

便利なものがたくさんある時代です。私も買い物は大好き。お店をのぞいたり、通信販売のカタログを見たりして、いろいろと買いました。でも、買ってもあまり使わなかったり、使い勝手がよくなかったりして反省することも多く、本当に必要なものだけを手元におくべく大整理をしたこともあります。だって、道具が多いと探し物が多くなってわずらわしいですものね。

毎日使っている道具はシンプルです。ステンレスの中華包丁にプラスチックのまな板。直径二八センチほどのフッ素樹脂加工の深めの炒め鍋が新旧二つ。この炒め鍋に合わせたせいろは直径二七センチの二段組のもの。みそ汁鍋は直径一八センチのステンレスの小鍋、おかゆや煮こみ物用に直径二二センチのほうろう鍋、それに強化ガラス製のボールが大中小二個ずつ、金ザルとめん台とめん棒などが主なもの。あと、宝物のかつお節削り、ふだんは炊飯器ですが、おいしいお米が手に入ったときに炊くご飯用の土鍋。すり鉢とすりこ木もあります。こうして並べてみると、少ないつもりでも、やはり結構あるものですね。

●炒め鍋

炒め鍋とは深めのフライパン、あるいは底の平な中華鍋といってもいいでしょう。なかでもフッ素樹脂加工の炒め鍋は油をたくさん使わなくてすむし、軽くて便利です。でも、高熱に弱いところもあって、使いこむと多少、こげるようになります。私はそうなっても捨てずに、用途を変えて使っています。まず新しい鍋は炒めものや揚げもの、卵焼きに、古いほうは麺や野菜をゆでたり、カレーを煮たりします。ふだんなら、この炒め鍋一つでも十分なくらいです。大きさは、大は小をかねるので大きいほうが便利。せめて直径二六センチはほしいところです。

いつかテレビで、中華鍋のような上が広がっている鍋はふきこぼれにくいと言っていましたが、たしかに炒め鍋や中華鍋はふきこぼれやすい麺をゆでるのに適しています。ぜひお試しください。

中華鍋というと、コックさんたちが威勢よく鍋をふるシーンが思い出されます。でも、あれはコックさんの世界のこと。北京の主婦は鍋はあまりふりません。箸やフライ返しで混ぜるだけ。底の丸い鍋は鍋ふりには適していますが、混ぜるだけなら、平らなほうが混ぜやすいのです。それに近ごろのコンロは平底鍋に適した設計になっていて、安定面でも平底鍋のほうが有利です。単に中国料理だけでなく、幅広く活用できる炒め鍋を、ぜひおすすめしたいですね。

●包丁

私はいま、包丁は中華包丁を使っています。野菜の千切りも、肉のそぎ切りも、お刺身を引くのも、うどんを切るのも、すべてこの包丁一本ですまします。

中華包丁の特徴は、まず両刃でできていること、もう一つは重いこと。

両刃というのは、刃が包丁の表裏両方からつけてあることで、日本の包丁では家庭用の菜切り包丁がこれにあたります。いま日本の家庭で使われている包丁のほとんどは洋包丁ですが、これも両刃です。

両刃と違うものに片刃があり、出刃包丁や刺身包丁がこれにあたります。

包丁として両刃と片刃がどう違うかというと、たとえば大根を輪切りにしようとする場合、両刃で切ると刃は真下にまっすぐに入りますが、片刃だと刃の角度に沿って斜めになる傾向があります。逆に魚を骨にそって切るときは、刃が骨に沿いやすくなるので便利です。

包丁で物を切るには、押し切りといって上から下に押して切る切り方と、前後に引いて切る引き切りがあります。野菜のように繊維がかたいものは押し切りがよく、肉や魚のように繊維がやわらかいものは引き切りがよいのです。中華包丁はそうした点からも、また重さの点からも、野菜の押し切りに適しています。もちろん、肉や魚のそぎ切りも、慣れれば楽にできるようになります。

日本では戦後、食生活が洋式になりました。それにともなって包丁も、肉を引き切りやすい洋包丁が主流になりました。夫の話では昭和三十年代までは、家庭の包丁は菜切り包丁が主流だったそうです。いもや大根しかなかったからと、夫はそう言いますが、そればかりではなく野菜中心の食生活が伝統だったからでしょう。それが肉が中心になるにつれ、菜切り包丁は姿を消していったのではないでしょうか。

最近、野菜中心の食卓が話題になっています。そのためには野菜を切りやすい菜切り包丁の復活を考えてみたらいかがでしょう。菜切り包丁と魚用の出刃包丁のセットは健康をめざす、これからの食生活の基本になるのではないでしょうか。

私が中華包丁を離さない最大の理由は野菜が切りやすいから。ですから、中華包丁もおすすめですが、魚料理のことを考えると、やはり日本式のほうがいいでしょう。その上で中華包丁もそろえていただけたら、私としてはうれしいですね。

北京へ里帰り

子どもたちは幼いころから北京の老爺《ラオイエ》や姥姥《ラオラオ》が大好き。なにがあっても叱らないし、ただほめるだけ。私も小さいころの姥姥との日々の記憶をいまも大切にしまってありますから、この里帰りの時間はとても大事にしています。

里帰りは年に二、三度、学校の休みに合わせます。

北京ではいつも兄夫婦や大学の友だちが、私の帰りを待っていてくれます。私の仕事に合わせて、新しい餐庁《ツアンティン》（レストラン）に案内しようというのです。私はむしろ、学生時代に行った思い出のお店などに行きたいと思うのですが、

「東京で中国料理の仕事をしているなら、新しい中国を知っていなきゃ」

と流行の店に連れて行ってくれます。東北料理が流行っているといえばその店に行

き、湖南料理がいいと聞けば評判の店にと、いつも最先端の店に足を運びます。

新しい店はインテリアもきれいで、洗練されています。空間プロデューサーの手がける店が多いのも、東京と同じ。でも、私は百年、二百年と続いた昔の店も好きです。時代に流されない力強さがある。味も伝統的で、いまの若い人の舌にはなじまないと言ってしまえば、その通りかもしれませんが、長い時間に醸し出された深さがあります。新しい店はちょっと見るときれいだし、盛りつけも斬新ですが、どこか浅い気がする。ちょっと客足が遠のけば、すぐに別のお店に衣替えしてしまうような、落ち着かなさが感じられるのです。

二〇〇八年に迫ったオリンピックに向けて、近代化の進む北京では、いま、それに逆らうように「老北京《ラオペイチン》」という流行があります。店のインテリアや店員さんの服装が昔ながらのスタイルで、ノスタルジックな雰囲気。若者に人気です。

食文化はいつもこうして、新しいものと旧いものが鎖のように連綿とつながっていきますが、私はその両方を大事にしていきたいと思っています。

そんななかで、私にできることはなにかしら、と模索していたところ、昨年から中国に滞在する日本の駐在員の奥さまたちに、北京にいながらにして北京の風俗、食べ物、習慣などを知っていただく教室を開くことになりました。

いま、北京では三万五〇〇〇人の日本人がいるといわれます。そのなかで一万五〇〇〇人といわれる駐在員の方たちは、みなさん、仕事に大活躍なさっています。でも、その活躍をかげで支える奥さまたちへの企業側のケアというのは、あまりないのが実情。中国は広いですから、夫が出張で何日も帰らない日も続きます。

そのあいだ、奥さまたちは日本はもちろん、欧米ともまるで違う言葉や生活習慣のなかで孤立せざるをえません。早い話が、スーパーで魚一匹、肉一切れ買うのにも、北京ではエネルギーが必要なのです。

そんな奥さまたちに、中国で生まれ育ち、日本で料理研究家として育てられた私のアドバイスが、少しでも役に立てば、という気持ちがありました。

最初は里帰りの時間を活用できれば、といった軽い気持ちではじめたサロンが、噂を伝え聞いた人たちで、あっという間にいっぱいになってしまいました。それだけ奥さまたちにとって、教室の必要性が切実だったということなのでしょう。

スーパーでのお買い物実習も含めて、五日間の教室はいま、大盛況です。私は今日まで、自分がこんなにたくさんの人に喜んでいただける、必要とされることがあるとは考えたこともありませんでした。東京でもサロンは開いていますが、なにかが少し違うのです。

八月と十二月の年に二回、里帰りを兼ねて開く北京のサロンがいま、とても楽しみです。北京で働く家族の健康管理をし、なおかつ自分自身の時間を少しでも有効に活用したい妻たちの、あの真剣な眼差しを見ると、料理の仕事をしていてよかった、と心から思います。私というちっぽけな存在が、こうして人から喜んでいただけるのは、なんて幸せなのだろうと思うのです。

夫婦げんかのこと、そしてわが家の一卓二制度について

わが家ではご多聞にもれず、夫婦げんかをよくします。この章の最後には、そんなわが家の夫婦げんかを少しだけ暴露しましょう。わあ、はずかしい。

うちの夫婦げんかの原因は、ほとんど一つのことに限られています。

たとえば、つい先日のこと、夫は秋物のシャツとズボンを買いました。それはいいのです。でも、夫は買って帰るなりすぐに、衣装ケースに入っている、まだ新品同様

のズボンやシャツを捨てるのです。夫は自分の服の管理は私にさせずに自分でします。捨てた服を横目でチェックすると、去年買って、まだ一度ぐらいしか着てない物も入っています。こういうことはもう慣れっこになっているので、そのときも黙って見ていました。

夫はいわゆる頭の切りかえの早い人です。一シーズン着ない服は二年目も着ないからと言って、捨てる対象にします。好きで買ったということと、着ないから捨てるということが、簡単に切りかえられるのですね。

私にはそこがわかりません。好きで買うのはいいし、衝動買いなら私もよくします。着飽きて捨てるのもいい。でも、飽きるほども着てないのに、捨てるのは納得できません。買ったことに対する責任はどうなるの、と言いたいのです。

夫は、喜んで捨てているわけではない。でも、せまいマンション暮らしで、着ない洋服をとっておいたら、スペースばかりとられて快適な生活ができなくなる、と言います。

たしかに夫の言うことには一理あるし、夫はものを大事にしない性格でもありません。大昔に買ったセーターをいまも大事に着ているし、お気に入りのシャツは、えりがすり切れてみっともないと言っても捨てません。でも、簡単にものを捨てる夫の切りかえの早さには、やはり納得がいきません。いや、切りかえの早さ遅さではなく、考えを切りかえるという考え方そのものに、納得いかないのです。

「はじめに」で私は、鏡に映る自分が昨日と変わっていることを望みますか、変わらないことを望みますかと書きました。そして、私なら変わらないことを望み、大多数の北京っ子も同じだろうとも。

日本では、頭の切りかえが早いことは美徳の一つ、と考えられているようです。朝《ちよう》令暮改《れいぼかい》は悪い意味の言葉だ、と知っている頭のもう片方では、朝と夜で考えが切りかわるのは、頭の切りかえが早いとほめられたりもするようです。

北京っ子は、頭の回転の早いのは美徳と思うことはあっても、頭の切りかえの早さを美徳とはあまり考えません。少なくとも切りかわることで、捨てられるものに責任をとらない限りは。この責任がとれないときは、切りかえずに二つを両立させることもしょっちゅうです。そのことを矛盾と考えるよりは、対《つい》と考えて共存をはかります。このことを中国人の好きな左右対称（シンメトリック）に結びつけて考える人もいます。香港の一国二制度が実行されたのも、西洋医学と中国医学の併用を考えるのも、要はどちらも捨てられなかったところから生まれた方法ともいえるのです。

私は日本人のなかにも、私と同じように頭の切りかえの早さをよしとしない人をたくさん知っています。いや、その人たちがいまの私を支えてくださっている、といっても過言ではありません。

同様に中国人のなかにも、私がとてもついていけないような切りかえの早い人が、たくさんいることも知っています。

ですから、私はこのことを、中国人と日本人の国民性の違いととらえていいものかどうか、とても迷います。できれば、国民性とか地域性で結論づけたくない。人それぞれの個性と考えたい。でも、国とか地域でみると、やはり、なにか方向性もあるように思えます。

さて、わが家の夫婦げんかに話をもどしましょう。

頭の切りかえが得意な夫と苦手な妻。責任というものを軽く考えて身軽な夫と、重く考えて身動きできなくなる妻。わが家の夫婦げんかの原因はこれにつきますし、その解決策は、まだ見つかっていません。

いわゆる夫唱婦随や婦唱夫随は、夫も私もとりたくはありません。すべてはたなあげ、先送りですましています。そうしないと毎日がけんかで明けくれるし、解決策を見つけるには、私たちの命は短すぎるからです。

ところで食生活については、わが家はとてもうまくいってます。

国際結婚の食生活をのり切るには、両方をアレンジしないでそのまま食卓にのせるか、アレンジした折衷案で食卓にのせるかの、どちらかしかありません。うちの場合は前者。食卓には北京総菜といっしょに、純和風の魚の煮つけにみそ汁か北京スープといった献立が仲よく登場することになります。もちろん和風だけのときもあれば、北京風だけのこともあります。唯一合作なのは、おもちの餃子ぐらいかしら。

いまはこれが、わが家の食卓の基本です。夫はこれを香港の一国二制度をもじって、一卓二制度と名づけています。彼の頭を切りかえるところはきらいですが、回転の早いところは、まあ、好きとしておきましょう。

第三章　北京菜時記

中国と日本の暦について

暦《こよみ》は国の制度の基本です。昔、世界中の皇帝は暦を定めるのが、政治のはじめでした。シーザーも聖徳太子も始皇帝も暦を制定しています。

暦には太陽の運行をベースにした太陽暦と、月の運行をベースにした太陰暦、太陽と月の両方の運行を取り入れた太陰太陽暦の三種があります。いまは世界のほとんどは太陽暦で動いていますが、中国は太陰太陽暦と太陽暦の二本立てで動いています。中国では太陽暦を陽暦といい、太陰太陽暦のことを農暦あるいは陰暦といっています。

陽暦は私たちが日常使っているカレンダーのことで、一年が三百六十五日、四年に一度の閏年《うるう》があります。

農暦は月の運行がベースになっていて、一年は三百五十四日。陽暦より十一日少なくなっています。月のはじめの一日の新月（月が見えない）から、十五日の満月、三十日の晦日（月が見えない）までを一カ月とし、隔月で二十九日の月があります。また、陽暦より十一日少ない分を調整するために十九年に七度、一年が十三カ月の閏月があります。

農暦は陽暦より約一カ月遅れになっていますが、四季の区分はとても明確です。一月から三月を春、四月から六月を夏、七月から九月を秋、十月から十二月を冬とします。

昔の中国では、こうした四季折々の行事をまとめた歳時記を作り、それはやがて日本にも輸入され、日本歳時記として定着します。いまでは俳句の季語や行事案内として生活に欠かせませんね。

この章では、そんな歳時記をまねて、北京の食べ物の歳時記を北京菜時記として取り上げてみました。ですが、ここではもう少し暦の話を続けましょう。

中国では農暦が生活行事の中心になっています。

陽暦の一月末か二月はじめに来る農暦の一月一日を元旦とし、この日の前後の正月行事を春節といいます。

春節のほか端午節《ドアンウージエ》の五月五日、牛郎節《ニウランジエ》（七夕）の七月七日、中秋名月《チユンチユウミンイイエ》の八月十五日、重陽節《チヨンヤンジエ》の九月九日なども、すべて農暦の日付で行われます。

ここでみなさんは、お正月の一月一日をはじめ、端午の節供、七夕、重陽の節供が、日本と同じ日付なのに気づかれましたか。日本は陽暦なのに中国の農暦と同じ日になっている。でも、お月見は陽暦の八月十五日ではなく、九月か十月の満月の晩にします。

これって一体、どうなっているのでしょうか。

以下は夫の話です。じつは夫は暦好きで、月齢（月の満ち欠け）入りのカレンダーを企画したこともある人です。

「日本でも江戸時代までは、中国の農暦と同じ暦を使っていた。ところが明治六年（一八七三年）から、明治政府は暦を太陽暦に変えた。以後、新しい暦を新暦とし、廃止した暦を旧暦と称してきた。そこまではいいんだけど、問題はそこで起きることになった」

「まず、旧暦の一月一日の正月を、季節としては約一カ月も早い新暦上の一月一日にそのまま移してしまった。そのあとに、旧暦上のさまざまな行事も、同じ日付のまま新暦に移してしまったんだね。五節供の七草粥、ひな祭り、端午の節供、七夕、重陽の節供……」

「結果として、旧暦では春のお祝いだったお正月や、それぞれの季節行事の五節供が、その季節より約一か月、早くくることになってしまった。新春が真冬にきたり、実際には桜が咲いてから桃が咲くのに、桜の咲く前に桃の節句がきてしまったり、梅雨のさなかに七夕がきたり、残暑の残る時期に菊の節供がくることになってしまった」

「ところがお祭りや山開きなどの民間行事では、一カ月早いのはまずいということで、単純に新暦のひと月遅れにした行事もある。旧暦では六月一日だった富士山の山開きを七月一日にしたり、旧暦では二月一日からはじまる奈良東大寺のお水取りを三月一日はじまりにしたりなどだね。お盆のように場所によって新暦、旧暦が入りまじってしまったものもあるね」

「でも、中秋の名月だけは絶対、満月でなくてはいけないから、旧暦の八月十五日にしなくてはならなかった。だから、この日は年によって変わることになった」

「日本人は頭の切りかえが早いし、お上が決めたことだから、まあそれでいこうか、と。それで、それまで使っていた旧暦をあっさり捨てたってわけさ。以後、春でもないのに年賀状に迎春と書いたり、実際には梅桜桃の順に咲くのを梅桃桜と勘違いする人がふえたりした。でも、それがいやで、お正月を春とは言わない人もたくさんいるけどね」

日ごろは頭の切りかえの早さを自慢にしている夫も、この問題に関してはちょっぴり不満顔です。

中国も同じ問題に、辛亥革命（一九一一年）当時に直面しました。中華民国二年（一九一三年）にとった改正では、農暦を廃止せず、新暦と併用して残したのです。切りかえるのはよしとしないから、結果として二つの暦が使われることになってしまったともいえます。以後、現在の中国政府が設立されても、暦は踏襲されました。

私はこの項の最初に暦は国の制度だとお話ししました。ですから、中国の暦では一国二制度が、香港で一国二制度が話題になる以前から実践されていたのです。

中国の季節行事は農暦で行われます。月の満ち欠けをもとにした農暦が、季節の移りかわりに密接に関わっているからです。とくに農業では、農暦という言葉どおりに農作業のもとになっています。

新暦と農暦の二つの暦で動くには、それなりの不便もつきまといます。たとえば、新年はカレンダー通り一月一日にはじまりますが、お正月はそれから約一カ月遅れでやってきます。でも、そのおかげで北京のお正月は、まぎれもなく春のはじまる日、という気持ちのよさもあるのです。

春節と餃子。一年でいちばん楽しいお正月

中国のお正月は春節《チヨンチ》と言い、農暦（日本の旧暦）の一月一日に行われます。春節の行事は、まず十二月八日からはじまります。その日になると、くる年も豊かであるようにという願いをこめて、穀物や豆を八種入れた甘いお粥を食べます。十二月のことを臘月《ラーユエ》ともいうところから、このお粥は臘八粥《ラーパーチヨウ》と呼ばれます。この日を境に北京っ子はお正月の準備に入ります。大掃除や正月料理用の材料の買い出しと、日本と変わりません。

そして大みそか。大みそかの夜には家族が全員、集まります。集まる場所は普通は家長の家。わが家では父の家に、兄夫婦と私たちが集います。でも、いまは子どもたちの学校があって行けません。私たちのように家族が海外にいる場合は、春節といっても休日ではなく、参加できない場合も多いのです。ですから、ここでは何年か前の、子どもたちがまだ就学前のある年の春節を例にお話ししましょう。

家族が集まるその日のために、母はごちそうを用意して待っています。もちろん、私や兄嫁も手伝っていっしょに作ります。日本のおせちは元旦から食べますが、北京では大みそかから食べはじめます。そして、十二時が近づくと居間のテーブルに道具を並べ、家族全員で餃子を作ります。

粉をこねて生地を作るのは父の役目、力がいるからです。皮を作るのは私の仕事。生地を手で直径二センチほどの丸いひも状の輪にし、二センチの長さに手でちぎります。ここはふだんなら包丁で切ってもいいのですが、お正月の三が日に刃物は厳禁。連なった年が切れるということで縁起が悪いからです。

ちぎった生地は、麺棒で直径八センチほどの皮にのばします。以前、物好きな夫がストップウオッチで、のばす早さを測ったことがありました。一枚をのばすのに大体五秒、一分で一二枚、一〇分なら一二〇枚だそうです。別にストップウオッチを持ち出さなくても、このくらいの人数だったら、一〇分もあれば十分なことぐらいわかっているのに。なお、このスピードは、北京っ子としてはべつに早いほうではありません。

餡は夫のリクエストで、大根、ねぎと羊肉のしょうゆ味、白菜、にらと豚肉の塩味の二種。にんにくは餡には入れません。

皮をのばすそばから父や兄夫婦が餡を包み、子どもたちが排排簾《パイパイリエン》に並べていきます。排排簾はコウリャンの茎をすだれ状に並べ、直径六〇センチぐらいの円形に切ったもの。なぜかこねた小麦粉がくっつかない、小麦粉料理専用のすぐれグッズです。

ふだんなら母一人で作りますが、大みそかは特別。楽しそうにみんなとおしゃべりをしながら見ているだけ。まるで現場監督みたい。

全部を包み終えると、いよいよ母の出番です。真打ち登場といった感じで母は台所に立ち、鍋でぐらぐら煮えたぎる熱湯に餃子を入れます。餃子作りでいちばんむずかしいのは、じつはゆで加減。ここは経験豊かな母の独壇場です。一度に入れる個数は鍋の大きさにもよりますが、大体二、三十個。湯の温度を下げないために、多く入れすぎないのがコツです。

うちの母は、こういうときは大げさに振るまうのが大好きで、夫がそばで見ているのを意識して、目いっぱい真剣な顔で湯の中で踊る餃子を見つめます。

餃子をゆでるには、ちょっとしたコツがあって、まず高温でなるべく短時間に皮に火をとおし、とじ目をくっつけてしまうこと。こうすると餡に熱が通って膨張したときに、パンクをしないで持ちこたえられるのです。湯の中で餡に火が通った餃子はぱんぱんにふくらんで、倍ぐらいの大きさになります。浮き上がろうとするのを網じゃくしで押さえながら、母は息をとめて取りだすタイミングをはかります。目はさながら獲物をねらう鷹のよう。でも、うしろでは夫が固唾を呑んでいるのを意識しているのが見えみえ。もう、ママったら。いまだ！ そんな感じでしゃくしですくって皿に入れ、夫に渡すと、夫はみんなの待つテーブルに急いで運びます。子どもたちはわーっと歓声をあげ、さっそく箸をだします。

父は味見といった感じで口に入れ、よくできたと言うようにうなずいています。ワインじゃないんだからテースティングはいらないでしょうに。父はコチコチの学者で、本当はそんなことする人ではなかった。かわいそうに、母に影響されてしまったんです。

北京っ子は餃子を食べるときは、黒酢をつけるのがふつう。うちでは秋に父がにんにくの酢じょうゆ漬けを作って、その漬け汁をつけて食べます。漬けたにんにくもかじります。餡に直接にんにくは入れませんが、薬味としては使うのです。夫と私はなにもつけないで、そのまま食べます。そのほうが味がよくわかるから。こうして家族は去年、今年の変わり目を、なに一つ変わることなくすごします。

春節の会社のお休みは、土日を含めて大体一週間。年始に行ったりお客が来たりと、そのあたりは日本と同じです。

北京では、開市大吉《カイシーダージー》といって、最初の六日がいわゆる御用はじめ。街は動きだします。七草粥の習慣はありません。十五日の、その年、最初の満月の夜に行燈《あんどん》に火を灯し、元宵《イエンシャオ》を食べて春節は終わります。

元宵は餡の入った上新粉だんごを白湯に放したもので、遊び疲れた体と心をホッと暖めてくれます。

春餅ともやし

立春《リウチュン》は二十四節気の一つで、毎年、陽暦の二月四日か五日に来ます。二十四節気とは太陽の運行をもとに作られた陽暦上の節目の日で、昼と夜が同じ長さの春・秋分の日、季節の境目にあたる立春、立夏、立秋、立冬までの四つの日、一年で昼のいちばん長い夏至や短い冬至などなどを集めたものです。月の運行をもとに作られた農暦の一月一日の春節も、大体、立春の前後にきます。ですから、二月のはじめは春がスタートするころなのですが、本格的な春の訪れはまだしばらく先。北京っ子は縁もないそんな時期に、春餅《チュンビン》を作って食べます。

春餅とは小麦粉を薄くのばして焼いた薄餅《ホウビン》で、さっと炒めたもやしを包んで食べるものです。もやしは、去年から食べ続けてきた保存野菜に別れを告げる、新鮮なとれたて野菜の象徴です。いまは流通も発達し、ハウス野菜も多く、実際にはもやしだけということはないのですが、でも、春餅にもやしは欠かせません。ほうれん草、細切りにしたにんじん、薄焼き卵、ゆでた鶏肉などとともに甜麵醬《テンメンジャン》をつけて、くるくるっと巻いて食べます。もやしは必ずヒゲ根と豆を取ってきただけにし、炒めます。そうするとシャキシャキと見た目も美しく食べられます。

ここで春餅の話に入る前に、北京の餅について、ちょっとふれておきましょう。日本語で餅と書けば、おもちのことですが、中国語で餅と書けば小麦粉や雑穀の粉をねり、のばして焼いたものをさします。代表的なものには春餅のほかに、煎餅《チエンビン》、焼餅《シャオビン》、餡餅《シアンビン》、葱花餅《ツオンホアビン》などがあります。

煎餅は日本語ならおせんべいですが、北京では小麦粉を薄くクレープ状に焼いて、しょうゆベースのソースをぬり、折りたたんだり巻いたりして食べるもの。食事というよりはおやつで、繁華街の街角で立ち売りをしているのをよくみかけます。

焼餅はイーストやふくらし粉を加えた生地を、おまんじゅう形に焼いたもの。ごまをつけた芝麻焼餅《チーマー》もあります。主食にもしますが、さっぱりと香ばしく、北京ダックをはさんで食べるのは有名。しゃぶしゃぶのあとにちぎってスープに入れるのもおすすめです。

餡餅は小麦粉生地に油を入れて、ちょっとトロッとした生地を作り、肉餡を包んで平たくのばして焼きます。屋台定番の一品。

葱花餅はねぎもちとして日本でもよくみかけます。作り方はいろいろですが、私はねぎと小麦粉をパイ状に層にするのが好きだし、得意です。焼きたてのねぎの香りと小麦粉の香ばしさがたまりません。ねぎを入れないで単にパイ状に焼いて、あいだにおかずをはさむのは大餅《ダービン》です。

さて春餅の作り方をざっとご説明しましょう。

まず具を作ります。

具に欠かせないのはもやしで、それ以外はゆで鶏、薄焼き卵、炒めたにんじんの細切りなどもおすすめです。

もやしは一袋分のヒゲ根と豆を取り、くきだけにします。

炒め鍋にサラダ油を熱し、花椒《ホワジャオ》で香りをつけて、もやしを加え、水分をとばすようによく炒めます。もやしに十分、火が通ったら塩ほんの少々をふり混ぜ、皿に盛ります。

つぎに薄餅十六枚を作ります。

強力粉一〇〇グラムと薄力粉一〇〇グラムを合わせて熱湯一七〇ミリリットルでねり、ねかせて余熱を取ります。これを十六個に分け、すべてを碁石《ごいし》状に丸めます。一つを指で上からつまみ、下面に小皿に入れたサラダ油をぺたっとつけて、もう一つの上に重ね、手の平で軽く押さえてから麺棒で直径一五センチほどにのばします。熱したフライパンで両面をさっと焼くと、ところどころがふくれます。そのあたりで鍋から取りだし、熱いうちに端から指先でそっとはがすと、あら不思議、二枚にはがれます。あいだに油がぬられているから、くっつかないのです。

これを一枚ずつ半分に折り曲げて皿に並べ、野菜を添えればできあがり。

食べるときは薄餅を皿の上に広げ、もやしやほかの具を好みでのせ、肉なら甜麵醬をぬってくるくると巻いて食べます。

現代の濃厚な味に慣れた舌には、春餅のシンプルな味は、ひょっとすると物足りないかもしれません。でも、味に慣れてくると、小麦粉の香ばしさと具の素朴さに、意外な感動を覚える人も多いのではないでしょうか。

私の子どものころは親戚が集まって、春餅が並んだテーブルを囲みました。高価な素材を使っているわけではありませんが、色とりどりの具が華やいだ気持ちにさせてくれるごちそうです。新しい芽を食べることが、春がきたということに通じ、長い冬が終わった開放感も味わわせてくれます。

でも、最近の若い世代はテイクアウトのお総菜を持ち寄って、季節を問わずに春餅パーティを開くと聞きます。いまの北京のスーパーには、冬でもトマト、きゅうりなどの青々とした夏野菜が並ぶので、わざわざ春餅を作って春を迎えることもなく、この行事食も価値が薄れてきたようです。

なにしろ、この季節、若い人の関心事は情人節《チンレンジェ》（バレンタインデーのこと。文字からしてスゴいでしょ）だそうですから。

余談ですが先日、義姉（といっても私より歳下ですが）に北京のバレンタインデーのようすを聞きました。

「北京の情人節では男性が女性にバラを贈るの。チョコレート？　花にそえるときもあるかしらね。近ごろは『藍色妖姫《ランスーヤオジー》』という種類の青バラを一本だけ贈るのが、流行りね。このバラは高いのよ。一本三〇〇元から五〇〇元（五〇〇〇円から七〇〇〇円）もするの。私？　まだもらったことないわ。ホワイトデー？　なに、それ。知らない。バラのお返しなら食事に誘ったりするけど、でも、結局また、彼が払うみたいね」

よし。来年の二月は、北京に行こう。

春遊と山菜摘み

春節、立春と並んで春を代表する行事に清明節《チンミンジエ》があります。清明は二十四節気の一つで、春分の十五日後の四月五日ごろがその日にあたります。

日本では春・秋分の前後のお彼岸にお墓参りをするようですが、北京っ子は清明節にお墓参りをします。

うちのお墓は西の郊外の八宝山《バーバオシアン》にある共同墓地にあり、そこの棚式の安置所に祖父母のお骨が安置されています。無宗教ですから、位牌も戒名もありません。

お墓参りは宗教のある家とない家、都会と田舎でまるで違います。お供えも変われば、お参りの日も変わります。故人の好きだった煙草やお酒を供える家もあれば、紙のお金を持っていって燃やしたりする家もあります。でも、うちではとくになにもしませんでした。

清明のころには北京っ子は春遊《チュンヨウ》といって、郊外にピクニックに出かけます。春遊は昔は踏青《ターチュン》と呼んでいました。文字通り野山に出かけて緑を踏み、春の息吹を楽しむのです。

北京の西の郊外には香山《シアンシアン》、西山《シーシアン》などの低い山並みがあります。東京でいえば多摩丘陵のような感じかな。古いお寺やロープウェイもあって、ハイキングも楽しめます。市内からおよそ二〇キロ。春になると毎日このあたりへのバスが増発され、中高年のハイカーでにぎやかです。

両親も清明節にはお墓参りに出かけます。そのときにはよもぎ団子を作ります。白玉粉に市販のよもぎの粉をまぜ、これも市販のあずき餡を包んで蒸すだけの簡単なもの。お墓参りの帰りに、青草の上で食べると、とてもおいしい、と父は言います。父の故郷の江南にも草餅があり、なつかしいのだそうです。

じつは二人でピクニックに出かけるのには、もう一つお目当てがあります。それは野菜《イエツァイ》（山菜）摘み。中国では野菜は蔬菜《シユウツァイ》、山菜は野菜と言います。私は来日して日本語を学びはじめたころ、そのことを知りませんから、ああ、日本人は毎日、山菜を食べているんだ、と思ったものでした。

北京の山菜は、日本ほど種類も収穫も多くはありませんが、それでも春の山菜は体にはとても貴重です。芥菜《ジエツァイ》（わらび）が主で、持ち帰ったら仕分けて、ゴミをとって、という手間も口に入るまでの楽しい作業です。ゆでてアクをとり、あえものにしたり春巻きや餃子にして味わう。その香りに春の到来を感じます。

北京では、春の新芽は冬のあいだにたまった老廃物を出す薬といわれます。また、春先には臓器の調子を整える食べ物をとることが大切、ともいわれます。肝や胆の働きを補うのは苦味のある食物ということで、山菜や香椿《シアンチユン》（センダン科の植物の若葉）の料理が珍重されます。長い冬のあいだ、新鮮な野菜が少なかったので、口に入れたときの苦みに、ああ春がきたと、だれもが思います。

いつかテレビで冬眠から覚めた熊が、ふきのとうを食べるのを見ました。食べたあと、まっ黒な糞が出るのです。冬眠中にたまった、体内の毒素を出すということでした。結局、人も動物も、食べることで健康を手に入れるのは同じ、そんな当たり前のことをあらためて教えられました。

夏は生野菜で

夏。出盛りのトマト、きゅうり、ピーマン、なす、いんげん、かぼちゃが市場に山積みになります。値段も安いし、みずみずしく、本当においしい。両親は毎日、市場に出かけ、新鮮な野菜をたくさん買ってきました。夏野菜は体を冷やしてくれるので清涼感があるし、水分も多く、汗をかく季節の水分補給にうってつけ。それに赤や黄色と、色も鮮やかで、見ているだけで元気が出てきそうです。

実家にはひと夏、欠かすことなくトマトがあります。母は完熟でつぶれそうなトマトをただみたいな値段で買ってきて、スープにしたり、炒めものにします。炒めたトマトは酸味や甘みが引き出され、生とはまた違ったおいしさがあるのです。

夏野菜のスープは野菜から水分がたくさん出るので、少なめの水分で煮こみます。濃厚で、栄養が凝縮されたスープ、夏バテ知らずです。

中国では生野菜を食べる習慣がありません。でも、旬のトマトやきゅうりは水分をたっぷり含んでいて、よく生で食べます。水は飲むと、すぐトイレに行きたくなるけれど、野菜は少しずつ吸収してくれるので、その心配なし。

はじけそうにみずみずしい、見た目も美しいトマトはへたをとって冷蔵庫に入れておき、おやつ代わりに食べます。小さいころ、朝食には必ずトマトやきゅうりが出たし、外出前にはよく母に、トマトを一つかじってから行きなさい、と言われたものです。

夏休みに子どもたちと里帰りをすると、冷蔵庫にきゅうり、トマト、西瓜《すいか》などがおいしそうに冷えています。息子はよく冷蔵庫をあけて、「もうなくなった」とおばあちゃんに催促するくらい手をのばします。甘いお菓子を食べるよりずっと健康的だし、食べたあとの爽快感もえがたいものです。

昔からやってきていることは理にかなって合理的で、生活のなかで無理なくできることばかり。いつの時代にもこんな習慣がすたれないように、伝えていくのも私たち世代の役割かもしれません。

北京で夏の生野菜といえば、ジャージャン麺を思い浮かべる人も多いのでは。ゆでたてのうどんを冷水にさらし、せん切りにした新鮮なきゅうりをたっぷりのせ、肉みそであえた麵料理です。野菜はきゅうりが定番ですが、枝豆、ゆでキャベツ、ほうれん草など、あるものでかまいません。

ジャージャン麵のジャージャンは字にすると炸醬。揚げたみそのことです。日本では肉みそともいいますね。肉みそを作るのは簡単。たくさん作って作りおきしておくと、炒めものの調味料やご飯のおかずにと重宝します。保存は冷蔵庫で四、五日ぐらい。

ところで北京ではいま、このジャージャン麵で有名なチェーン店が流行っています。店の名前は老北京炸醬麵《ラオペイチンジャージャンメン》店。別にグルメな店というわけではなく、居酒屋さんのような大衆店です。店は住宅街にもオフィス街にもあり、昼はOLやサラリーマンで、夜は家族連れで大にぎわい。

人気の秘密は味もさることながら、そのサービスにあります。店員は全員、若い男性で、みんなけっこうハンサム。そして、お客がたとえば二人、店に入ってくると、全員で「二位来了《リアンウエイライラ》」（お二人さまいらっしゃーい）と声をかけます。

メニューはジャージャン麵以外にも豊富ですが、おめあてはジャージャン麵です。注文すると、麵の入った碗と、具や薬味の入った小皿一〇枚ぐらいをお盆にのせて持ってきます。それを客の目の前で一つずつ、目にもとまらぬスピードで碗にあけていくのです。お客はそれをよくかきまぜて食べます。

北京を訪れる機会があったら、ちょっとのぞいてみてはいかがでしょう。ノートパソコンを左手でたたきながら、右手でジャージャン麵を食べるビジネスマン。これも北京の新しい風物なのかもしれません。

●ジャージャン（基本量として2～3人分）

みそ100グラムに甜麵醬大さじ2を混ぜ、水150ccでのばします。

炒め鍋にサラダ油大さじ3を熱し、細かく刻んだ豚バラ肉100グラムを中火でじっくり炒め、細かくちぎった唐辛子3、4本を加えて、香りがでるまで炒めます。

しょうがのみじん切り大さじ1とねぎの粗みじん切り10センチ分を加えてさらに炒め、酒大さじ1を加え、溶いておいたみそを一気に加えて菜箸で5～6分、鍋の縁に油の層がでるまで炒めます。

夏野菜の炒めおかずベスト3

四季の野菜を特徴づけるわけ方として、北京にはこんな考え方があります。春は緑葉類や水生植物類、葉物野菜や山菜と海藻類、夏は果菜類、実物野菜ですね。秋は食用菌類、きのこです。そして冬は保存がきく根菜類。

夏はまさに果菜類の宝庫。茄子《チエズ》（なす）、西紅柿《シーホンシー》（トマト）、青椒《チンジアオ》（ピーマン）、扁豆《ピエンドウ》（いんげん）、毛豆《マオドウ》（枝豆）、玉米《ユイミー》（とうもろこし）。瓜がつくものだけでも黄瓜《ホアングア》（きゅうり）、苦瓜《クーグア》（にがうり）、糸瓜《スーグア》（へちま）、冬瓜《ドングア》（とうがん）、南瓜《ナングア》（かぼちゃ）と、ひと夏では食べきれないくらいです。

北京っ子は、夏の果菜類は炒めて食べることが多い。ということで、私が勝手に選んだ夏野菜の代表的な炒めもの、ベスト3をご紹介してみましょう。

では、ウー・ウェンが選ぶ「北京・夏の果菜炒めベスト3」、第3位。

●乾焼扁豆《ガンシャオピエンドウ》（いんげんと漬け菜の炒めもの）

北京のいんげんは豆の部分がごつごつと節くれだっていて、さながら肉体労働者の筋肉のよう。かむのも奥歯でないとかめないくらいです。でも、筋はやわらかい。それに比べると、いま東京のスーパーで買えるいんげんは細くてやさしく、前歯でかむといった感じです。

聞くところでは、東京にも昔はどじょういんげんというのがあって、それはちょうど北京のいんげんのようだったとか。でも、いまは探してもなかなか見つかりません。

この料理で大切なのは、そのいんげんです。どじょういんげんが手に入ったら、ぜひお試しください。漬け菜は、北京では雪菜《シュエツァイ》という高菜漬けに似た漬け物を使います。壺に入ったものが中華材料店でも売られていますが、手に入らなければ高菜漬けでもかまいません。

●乾焼扁豆（4人分）

いんげん200グラムの筋を取ります。切り方には二通りあって、一つの方法は1センチ長さと、いんげんとしては短く切ります。ビールのおつまみにもご飯のおかずにも適します。もう一つは切らずに長いまま調理します。長いままのいんげんは、とても存在感があります。雪菜100グラムは軽く塩出しをして5ミリ幅に切ります。

炒め鍋にサラダ油大さじ4を熱し、強火でいんげんを炒めます。よく火が通ったところで中火にし、雪菜を加えてさらに炒め、酒大さじ1をふり、味をみて足りなければ、塩をふって調えます。

「北京・夏の果菜炒めベスト3」の、第2位。

●燕京茄子《イエンチンチエズ》（風干しなすの甘酢炒め）

北京のなすは炒めものにします。夏は毎日がなす炒め。でも、その切り方、炒め方、味は千差万別です。

日本の中国料理屋さんには、どこでも魚香茄子《ユエシアンチエズ》というメニューがあります。これがなすの炒めもの。魚香とあるので、魚となすの炒めものと思われて敬遠されがちですが、魚香は単においしいといった程度の意味と思いましょう。この魚香茄子を今後、行くさきざきの店で一品加えてみると、中国料理がよくわかります。なすの皮をむくかむかない、細切り乱切り、辛い辛くないと、店それぞれで味がみんな違います。コックさんが日本人か中国人か、どこで修業したかも、大体はわかります。

なすは3位のいんげんと違って、米なすなら、なんでもOKです。なす料理とは思えないボリューム感と味を、ぜひお試しください。ちなみに燕京は北京の古語。

●燕京茄子（4人分）

米なす3個の皮をむき、たてに2つに切り、1.5センチ幅に切ります。切った扇形の直線のほうに、2センチ長さに切り目を2、3本入れ、ざるに並べ、風通しのいいところで1時間ほど風干しして、水分を飛ばします。こうするとなすの甘みが増します。干しているあいだに合わせ調味料を作ります。砂糖大さじ3、黒酢大さじ3、しょうゆ大さじ½、塩小さじ¼、酒大さじ1、片栗粉大さじ½を合わせておきます。炒め鍋に揚げ油を入れ、なすを箸がすっと通るくらいにからっと揚げ、油を切ります。

炒め鍋の油をあけ、そのまま鍋に合わせ調味料を入れて煮立たせ、揚げたなすを入れてさっとからめるように炒めます。

仕上げにたたきつぶしたにんにく1かけ分を加えて香りを移し、手早く、うつわに盛ります。

「北京・夏の果菜炒めベスト3」の、第1位。

●鶏蛋西紅柿《ジータンシーホンシー》（トマトと卵の炒めもの）

なあんだ、という方も多いかもしれません。北京のおそうざいの定番中の定番で、いまや日本でもファンの多い、あのトマト卵です。夏の太陽をいっぱい浴びた真っ赤なトマトと鮮やかな卵の黄。トマトの品種や季節による味の変化。そして、なによりの魅力は簡単で手早く作れること。

とはいえ実際に作ってみると、トマトには酸味の強いもの、味の薄いものがあります。そんなときは砂糖を少し加えます。トマトがすごくおいしいときは、砂糖はほんの気持ち程度に、酸っぱいときはそれに応じて、また疲れているときには砂糖を少し多めにします。

●鶏蛋西紅柿（4人分）

トマト中4個を湯むきし、大きめの乱切りに、にんにく1かけは包丁でたたきつぶしておきます。卵中4個はボールで溶き、片栗粉大さじ1を倍量の水で溶いておきます。

炒め鍋にサラダ油大さじ3を中火で熱し、卵を入れてそのまま火を通し、鍋のふちから固まってきたところでゆっくり大きく混ぜ、数個のかたまりに分けてふっくらと焼きます。

強火にしてトマトを加え、卵がトマトの上になるようにして、水気をとばすように炒め、水気がなくなってきたら塩小さじ½、こしょう少々、にんにく、トマトの味に応じて砂糖を加えてひと混ぜし、水溶き片栗粉を回し入れて、とろみをつければできあがり。

汁気が多く、ご飯にかけて食べるどんぶり風もおすすめです。

西瓜と冬瓜

北京には二つの大きな瓜があります。一つは西瓜《シーグア》、もう一つは冬瓜《ドングア》。

西瓜は甘くてみずみずしくて、本当においしい。

西瓜売りは夏の風物詩で、街のいたるところの道ばたに西瓜売りがいます。木陰にビニールシートを広げたり、パラソルを出して、ひがな一日のんびり商いをしています。朝、山積みになっていた西瓜が夕暮れどきには売り切れていることもあるのですから、その消費量たるや恐ろしいくらい。

北京の夏は暑いのですが、湿度は低く、東京よりしのぎやすい。それでもやはり水分がほしくなります。水をたくさん飲むと胃酸が薄められて食欲がなくなるので、解毒、解熱、止渇《しかつ》、利尿作用がある西瓜で水分をとるようにするのです。

いまでも私が北京に帰ると、私の家族四人と両親の六人で、少なくとも一日に一個の西瓜を食べます。それだけではありません。母は食べ残した皮の赤いところと表皮を包丁でけずり、残った白い果肉を炒めものにします。干しえびを加えてだしにし、西瓜のまわりが少し透きとおるまでよく炒めたら、塩、こしょうで味をつけます。西瓜の青くささが残るので好き嫌いはありますが、西瓜好きのわが家ならではの一品。でも、食べ残しですから、どんなにおいしくてもお客さまにはお出しできません。

夏の間、一個一〇キロの西瓜を、毎日、自転車で買いに行くのは父の仕事です。体は頑丈な父ですが、さすがに最近は重そう。でも、孫たちの喜ぶ顔を見たさに、麦わら帽子をかぶって出かけます。

もう一つの冬瓜は、冬が東と発音が同じなので、東瓜という文字をあてることもあります。そうすれば、西から東までを食べたことになり、元気になるとか。なのに冬瓜という字を当てるのは、冬まで置いておけるからだそうです。

冬瓜は解毒や利尿作用があり、体のむくみをとるといわれています。ダイエットにもいいといわれ、体重を増やしたい人は敬遠するくらいです。淡泊な味わいなので、どんなものとでも相性がよく、スープによく使われます。盛夏から秋口にかけて、母はよく冬瓜と排骨《パイグウ》（骨付き豚バラ肉）のスープを作ってくれました。

中国では夏でも熱いスープを飲みます。食欲のなくなる夏に飲む冬瓜のスープは、「熱気」を取るといわれます。寝る前に飲むと、昼間たまった「熱気」が消え、よく眠れ、翌朝さっぱりした気分になれます。私は北京にいたころは、これで体調を整えていました。

夏の朝は豆腐と豆乳で

中国は多民族の国なので、肉や魚には、民族や宗教によるタブーもたくさんあります。そんななかで、豆腐をはじめとする豆製品は、大切なたんぱく源としても貴重です。

北京の豆腐は、スーパーではパック詰めにされて売られていますが、お豆腐屋さんでは大きなかたまりを切り分けてくれる量り売りがふつうです。

早朝に買いに行くと、ほんのり温かいときがあります。北京の豆腐は本来は固く、ひもでしばって持てるほど。そんな固い豆腐を北豆腐《ペイドウフ》と呼びます。それに対して南のやわらかい豆腐は南豆腐《ナンドウフ》と呼ばれます。

私が子どものころは、自転車に木箱を乗せたお豆腐屋さんがきていたので、よくお鍋をもって追いかけました。夫に聞いたら、日本も同じだったとか。ただ、日本の豆腐はやわらかいから、水をはった桶に入れて、ゆらさないように上手にかついでいたそうです。

豆腐は基本的には加熱してから食べますが、朝の豆腐屋さんで買った作りたての温かい豆腐を、万能ねぎと岩塩、ごま油であえるのも北京流。家庭でよく食べます。昔の農家では早朝、農作業をして朝食をとりに家に戻る途中で豆腐を買い、持ち帰ってきた間引きしたねぎを刻んで、あえて食べたそうです。小葱拌豆腐《シャオツォンバンドウフ》という名があるように、自然の中で野菜とともに生きていた人々と、風土が生んだ料理といえるのではないでしょうか。

有名な四川料理の代表格、麻婆豆腐もその一つだと思います。四川は盆地で夏はとても蒸し暑く、発汗を促すために刺激のある唐辛子や花椒をよく食べます。また、高温多湿の気候風土のなかでは保存性のいい発酵食品が生まれます。その一つ、豆板《トウバン》醬《ジャン》は麻婆豆腐に欠かせません。豆腐と豆板醬を主役にし、よく煮て調味料をしっかりしみこませます。

中国では「千煮豆腐《チエンジユードウフ》、万煮魚《ワンジユーユィ》」という言葉があり、「豆腐は煮れば煮るほど水分が出て、味が濃くなりおいしくなる。魚はそれを上回る」という意味ですが、たしかに中国料理では豆腐も魚もよく煮て食べることが多いですね。

豆乳も同じ考えで、しっかり煮たほうが甘みと豆の香りが出て、まろやかに濃厚になります。北京っ子はよく豆乳を飲み、母も朝食用に毎朝、買いに出ます。

夫も実家に行ったときは、彼の朝食の定番になっているおかゆに、油条《ヨウティアオ》と豆乳は欠かせません。母はおかゆは家で作りますが、油条と豆乳はそれぞれに分けて買いに行きます。それを不思議に思った夫が、

「お母さん、油条を買いに行ったときに、いっしょに豆乳も買ってくることを忘れてはだめですよ。ぼくはトシで物忘れをしますが、お母さんもひょっとして……」

と冗談で言ったら、母は、

「私も物忘れは激しくて困っているけど、油条と豆乳に関しては忘れているわけではありません。油条は油がきれいな早い時間に、豆乳はよく煮えた遅い時間に買ったほうがおいしいので、ずらして買いに行っているだけですよ」

と笑って答えました。

母は本当に食べることに、手間を惜しまない人なのです。

買い物はできるだけ一度ですますのが合理的、私はいまそんな生活をしています。

母も若いころは多分、そんな日々だったのでしょう。でも、いまは仕事からも解放され、毎日をのんびりと過ごしています。油条と豆乳を二度に分けて買いに行くのは、母にとっては面倒でもなんでもない、充実した幸せな時間なのです。

中秋節と月餅

農暦（旧暦）では四季を、一月〜三月を春、四月〜六月を夏、七月〜九月を秋、十月〜十二月を冬、とします。日本では梅雨のまだ明けきれない七月七日の七夕も、農暦では秋のはじめのお祭りです。

そして、秋のちょうどまん中にある八月十五日を中秋といい、その夜は満月ですから、お月見をします。中国では中秋節といわれるこのお月見は、はるか昔の春秋時代（紀元前四〜七世紀）にはじまり、唐時代には民間行事として広く行われていたそうです。

また、中国では月にはうさぎではなく、「月娘《イエニャン》」という女神がすんでいるといわれ、この月娘にお供えものをして祈る習慣があります。このお供えが月餅《ユエビン》です。

農暦の八月に入ると、北京のお菓子屋さんには中秋月餅《チユンチヤウユツペン》のビラが下がり、月餅が並びます。ドライフルーツや木の実で作る餡が中心の北京式。ハッカやバラの花、山椒塩風味の餡の蘇州式。ハスの実やあひるの卵黄、あずき、ココナッツ、鶏肉などが入った餡の広東式など、地方によってさまざまな種類があります。

型にも伝統的な装飾模様の木型がたくさんあり、餡の種類と組み合わせると、ほんとうに信じられないくらいの数になります。これらに唯一共通するのは、形がまるいこと。満月のお供えは月餅だけでなく、果物もまるいものが選ばれます。

月餅は店頭販売のほかに、会社から支給もされます。それも一つ二つではなく、何十個という数です。さらに、最近はそれに加えて、人気のキャラクター月餅がカタログ通販やネット販売で加わり、ほんとうにこれだけの月餅をみんな食べるのだろうかと、ひとごとながら心配になります。

月餅の店頭に並ぶ期間は限られていて、農暦の八月に売り出され、十五夜が終わると姿を消します。

こういうことを言うと中国人から叱られそうですが、じつは私は月餅をあまりおいしいとは思いません。単においしい月餅を食べたことがないだけならいいのですが、とにかく雑多な種類の餡に、どうにもなじめません。ごま油のきいたあずき餡も、ほろっとした皮も、それ自体はおいしいものですから、きっと全体のバランスの問題なのでしょう。

　でも、型だけは北京に行くたびに、少しずつ買い集めています。自分では何度も作ったことがあるので、そのうちおいしい月餅の決定版を発表するかもしれません。

　なにしろ私はうさぎ年ですから、十五夜お月さまとは縁が深いのです。

菊の節供ときのこ鍋

「北京秋空《ベイチンチユウコン》」「天高気爽《テンカオチーシユアン》」という言葉があるくらい、北京の秋の晴れ渡った青空は空気も澄んでさわやか。紫禁城の金色に輝く屋根瓦、お寺の白い塔、香山の紅葉、公園に咲く黄菊と、鮮やかに彩られます。

　古都の秋。私のいちばん好きな季節です。

　深まる秋は市場に並ぶ食材を見てもわかります。もぎたての梨、生きのいいかに、新鮮なきのこ。おいしそうなものがどんどん増えていきます。実り豊かな季節の到来を感じさせられると同時に、このあとに長い冬が控えていると思うと、なおさら、この季節がいとおしく感じられます。

農暦九月九日は奇数の陽の数字のなかで、いちばん大きな九が二つ重なるので重陽節と呼ばれます。日本では菊の節供といっていますね。この日は、近ごろは更陽節とも呼ばれます。更陽節は日本の敬老の日のような日です。

北京では昔から重陽節には紅葉狩りをかねて、お年寄りが山登りに出かけます。山登りのことは「登高《トウカオ》」と言うのですが、高いところに登ることに引っかけて、年齢も高くなるけれど、まだまだ高いところに登る元気や気力があるのを確かめる日でもあるようです。春の春遊に合わせて、秋遊という言い方もあります。

この日、両親はお茶とお菓子を持って、友人たちと登高に出かけていきます。結構、競争心があるようで、高く登るというより、互いに元気のよさを競い合っています。きょうはだれが一番高く登れるかなと、行く前にはそんな話で盛り上がるのですが、帰ってくると、だれもその話をしません。出かける前とはうってかわって静か。きっとみんな思っていたほどには、体がいうことをきかなかったのでしょう。

母が、

「お父さんは途中で、もう登るの、やめたいって顔してたわね」

と父をからかうと、

「あれは違うよ。あまりにすばらしい風景だったので、立ち止まって見ていただけだよ」

と冗談を言い合うのも、ほほえましい光景です。

この季節には街のきのこ鍋屋さんも大にぎわいです。

私の好きなお店は天府山珍《テンプーシャンヂェン》といい、市中の西長安街あたりにあります。きのこは新鮮なものも使いますが、多くは四川省の山奥でとれたものを水漬け保存したものです。メニューにはきのこの名前がずらっと三十種類ほど並んでいて、お客はそのなかから好きなだけ選びます。松茸もありますが、値段はほかのきのこと変わりません。

注文すると、鍋に烏骨鶏《うこっけい》が丸ごと一羽、浮かんだスープが運ばれてきます。そこにきのこを入れ、ぐつぐつ煮て、好みのたれをつけて食べます。たれの味は岩塩がベース、とてもシンプルです。烏骨鶏をほぐして食べてもかまいません。

日本の人は、たとえば松茸のように、きのこ一つひとつの香りや味を珍重するようですが、松茸もなにもかもを一鍋にした、きのこの香りがどんなか想像できますか？当然といえば当然ですが、きのこの香りがするのです。きのこが十数種類入った鍋の香りは、やはりきのこ。でも、なんのきのこの香りかはわかりません。菌類のにおいといったほうがあたっているかもしれません。

きのこという、なんとなく絵本のような名前でよぶ日本のきのこ観と、食用菌類という生物の教科書に出てくるような名前でよぶ中国のきのこ観には、それなりの違いがあります。中国人にとってのきのこは、健康に密着した食材という考えが、嗜好品的な好みにまさります。

日本でも近ごろはガン治療や免疫学の点からも、きのこの力が見直されていると聞きます。情緒的なきのこ観と科学的なきのこ観の両立を考える時期が、そろそろきているのではないでしょうか。

●きのこ鍋（口絵・付録レシピ参照）

焼きいもと焼き栗

秋が終わりに近づき、街路樹の葉がすっかり落ちると、冬はかけ足で近づいてきます。露出した肌や手の冷たさに気づくと、あたりはもう冬。そんな冬の気配は、街のなかに漂う焼きいものこげたにおいからも感じます。みんな、そのこげたにおいをたよりに、焼きいも屋さんを探します。自転車にドラム缶を乗せた車をつなぎ、木炭で焼きながら売る昔ながらのスタイル。どんどん近代化していく北京でも、変わってほしくない情景です。

私は子どものころからの焼きいも好き。大人になってからも仕事の帰りに一本買って、母が作ってくれたおかゆに入れ、お気に入りのテープをききながらかき混ぜて食べると、夜道の寒さと疲れがとんでいったのもなつかしい思い出です。いまでも焼きいも屋さんを街で見かけると、昔の自分にもどり、しばしノスタルジックな気分に浸ってしまいます。

ですから、北京に帰るたびににおいを求めて、子どもたちといっしょに街に出ます。子どもたちも焼きいものにおいを探す嗅覚が確実に成長し、いまでは私より先に見つけるくらいです。飛行機に乗るたびに「焼きいもが食べられるね」とうれしそう。

まるで北京に焼きいもを食べに帰るようなものです。

北京のさつまいもは日本のさつまいもより水分が多く、甘みも強い。種類名はわかりませんが、オレンジがかった黄色で、やわらかくて水分が多くて、見るからにおいしそう、と、こう書くと日本のさつまいもホクホク派から異論が出るかもしれません。

そうなのです。日本のさつまいもはホクホクしているのがおいしいといわれていますが、中国ではホクホクいもはあまり見かけません。中国へ行った方ならわかると思いますが、中国ではいわゆるコシの強い麵に出会いませんよね。それと同じで、中国と日本では食感が違うものが、じつはかなりあります。

中国のおいしい食感はやわらかいもの、なめらかなものをよしとする傾向があるのに対して、日本ではコリコリした固いものを好むように思います。この理由は、これはあくまでも私の想像ですが、中国のおいしい食感は、調理をして、よく火が通ってやわらかくなったものであるのに対し、日本では、お刺身の引きしまった固さにあるのではないか、と思われます。

でも、これは中国と日本の違いと、いちがいには決めつけられません。なぜなら、私はお刺身のトロのやわらかいところよりは、白身のコリコリしたほうが断然好き。同じように日本の人でも、ホクホクした焼きいもよりは、北京のジュルジュルした焼きいものほうが好き、という方もきっといると思います。

焼きいもから話は、思わぬ展開をしてしまいました。でも、北京のあのやわらかくて甘い焼きいもは、日本の人にもぜひ好きになってほしい。ちなみにわが家では夫はホクホク派、私と娘はジュルジュル派、息子はどちらでもいい派です。

焼きいもの話をしたからには、焼き栗の話もしないといけませんね。

中国の焼き栗というと日本では天津甘栗が有名ですが、天津あたりは別に栗の産地ではありません。天津は港町で北京とは一二〇キロほど離れています。北京の郊外は栗の産地ですから、昔、そのあたりでとれた栗を天津港から出荷したので、天津甘栗の名がついたのではないか、という説がいまのところ有力です。

焼き栗には、小粒で殻をむくのは面倒だけどそのぶん、甘いのと、大粒で食べやすいけど甘みでは小粒にゆずるものとの、二種類があります。私はもちろん小粒派。

また近ごろ、東京では皮をむいた甘栗が真空パックされて、コンビニの人気商品になっているとか。たしかにだれかがむいてくれた甘栗を食べる気分は、とても幸せなもの。でもその幸せをお金で買うとなると……。そんなことを考えるのは、私がもうおばさんだからかもしれませんね。

でもね、焼きたての栗をコートのポケットに入れて歩くと、ホカホカして、とても温かくてよかったんです。まるでカイロみたいで。やっぱりおばさんかあ。

白菜干し

北京では白菜のことを「看家菜《カンチヤーツアイ》」といいます。いつも家にあって、家を守る野菜という意味です。

北京で冬の野菜というと、つい十年ぐらい前までは、白菜、ねぎに根菜ぐらいのものでした。くる日もくる日も白菜。でも、もう白菜は見るのもいや、というようなことはありません。その理由は、母が料理に気を遣ってくれていたのもありますが、白菜そのものが、飽きのきにくい野菜だからではないでしょうか。看家菜といわれるのも、きっと白菜のそんな飽きのきにくい性質をいったものだからなのでしょう。

私の子どものころは十一月になると、郊外の農村から白菜が、馬車やトラックで運ばれてきたものでした。街角の特設販売所で山のように積まれた白菜を、母は一〇〇キロもまとめて買ってきました。十二月から三月までの四カ月、一日半個、約一キロを食べるとすると一二〇キロになるわけですから、一〇〇キロというのは四人家族のひと冬分として、決して多い量ではありません。

秋が終わると、長い冬に備えて北京の街は白菜であふれます。

十一月から十二月にかけて、主婦たちは買いだめした白菜を日光や寒風にさらします。そうすることで白菜の外側の葉が乾くと、なかの葉が甘くなり、みずみずしく保存できるのです。干した白菜を家の外に積み上げながら、母はよく近所のおばさんたちと、今年の干し上がり具合を話していました。家の外に積み上げた白菜にはシートをかけ、長い冬の間、保存します。天然の冷蔵庫です。

白菜は冬のはじめのとりたてよりも、年が変わったころのほうが甘みが出ておいしいといわれます。たしかに、いちばんおいしいのは二月の春節のころ。これをすぎると味がどんどん落ちてくるので、料理法を工夫しなければなりません。そこがまた主婦の腕の見せどころです。スープに鍋に炒めものに煮ものに漬けものと、手をかえ品をかえて登場します。

そんななかで私が好きだったのは、白肉白菜《バイロウバイツァイ》。白菜と豚肉の汁だくさんの煮物。とてもシンプルな料理です。

まず皮つきの豚バラ肉を大きめに切り、鍋でしょうが、ねぎをたくさん入れて煮ます。そこに、これも大きくざく切りした白菜を入れて煮、粉条《フェンティアオ》(春雨の太いもの)を入れ、塩で味をつけたものです。豚の皮のとろっとした食感と、白菜のさっぱりした甘みがたまりません。いま思い出しても食べたい。

いまの北京ではスーパーマーケットができて、冬場でもトマトやきゅうりが並び、もう北京名物の白菜干しは見られなくなりました。でも、頑固な母はいまでも白菜を買ってきてはベランダに置いています。でも、なにしろ二人所帯。食べる量も少なく、腐らせてしまうことが多いと嘆きます。暮らしが便利になり、家から寒い部分がなくなるのは、ぜいたくな悩みとわかってはいても、やはり母には淋しいのです。

こうして私が慣れ親しんだ、冬の風物詩がまた一つ、消えていきます。

しゃぶしゃぶの街

太陽暦の一月一日は、中国では一日だけの休日です。外国に仕事仲間やお友だちがいる北京っ子は年賀状を出しますが、それらのメッセージに共通するのは「聖誕快楽、

「恭賀新年」と書きます。つまり、謹賀新年にクリスマスおめでとうがセットになっているということ。本当のお正月は春節になるので、なんとなく準お正月の雰囲気が感じられる年賀状です。

そのころになると街中を流れる運河も凍り、やがて什刹海《シーチャハイ》がスケートリンクになるころは、北京名物、涮羊肉《シヨワンヤンロウ》（羊肉のしゃぶしゃぶ）の最盛期です。

毎日というくらい食べていた鍋料理。底冷えのする北京の冬、湯気があがり部屋も体も温める鍋料理は、寒い季節の数少ない楽しみの一つです。

煮えたぎったお湯に薄切りの羊肉をさっとくぐらせ、好みのタレや薬味で食べる涮羊肉。北京には「東来順飯荘《トンライシユンハンチヨウ》」という有名な涮羊肉の店があり、寒い季節になると活気づきます。創業百年を迎えた「百年老店《バイニエンラオテン》」。もちろん、ほかの店でもどこの家庭でもよくやるので、冬になると街中が羊肉の匂いに包まれます。

私の家族も大好物。とくに夫は、毎日でも食べたい、というくらいに気に入っていて、里帰りのたびに母にリクエストします。母も、簡単でいいわ、と行きつけのお肉屋さんに足を運びます。

お鍋は「火鍋子《ホーゴウズ》」という煙突が飛び出た独特の形。タレは芝麻醤《チーマージヤン》（練りごま）や腐《フー》乳《ルー》（豆腐を発酵させたもの）、韮菜花《ジーツアイホア》（花にらの塩漬け）、しょうゆをまぜたもののほかに酢、しょうゆなど。薬味はみじん切りに切った香菜、ねぎ、糖蒜《タンソアン》（酢と砂糖で漬けたにんにく）、唐辛子などで、好きなだけ器にとって、肉といっしょに食べます。お鍋の中にはねぎやしょうがが入っていて、さらに白菜、春雨も入れます。トロンとした北京の白菜は甘くておいしい。最後に麺や芝麻焼餅《チーマーシャオビン》（ごまのついたシャオビン）を入れてしめくくります。

北京っ子がどうして、こんなに羊肉を食べるのかと言うと、羊肉は牛肉や豚肉に比べてカロリーが低く、鉄分を豊富に含んでいるので「補血」の効果があるし、体を芯から温めてくれるから。北京では昔から母乳のない赤ちゃんには、羊のミルクを飲ませたくらいです。牛乳よりは消化がよく、栄養も豊かといわれているからです。

また、北京は西域に近いことからイスラム教徒が多く、宗教上の理由で豚肉を忌み嫌うために広まったのも大きな理由です。こうしたイスラム料理は中国では清真《チエンジエン》といわれます。街で清真風味と看板に書かれているレストランがあったら、そこはイスラム料理の店ということです。

東来順飯荘もそんな清真風味の店ですが、かといって客がイスラム教徒ばかりとはかぎりません。それどころか大半は仏教徒、キリスト教徒に無宗教の人たちで、彼や彼女たちは食べ物のタブーがないことを謳歌しています。

真冬の北京は連日氷点下が続き、凍てつく寒さで、外に出るのもためらうくらい。なにしろ北京は東京のはるか北、東北の盛岡と同じ緯度なのです。

お茶ときんかん

中国人はお茶が好きですが、とくに北京は乾燥がはげしいこともあって、お茶は欠かせません。

日本と違って、中国に生ものを食べる習慣がないのは、水に不安があるからだ、と思うくらいですから、もちろん、生水も飲みません。だから、茶葉とお湯のコンビで水分を補給しているのだと思います。

街で、あきびんや魔法瓶にお茶を入れて持ち歩いている人をたくさん見かけるのは、いまも昔も同じ。市場や公園など人の集まるところには、お茶を飲ませる露店もあるし、茶葉を売る店もあります。職場でもちょっと手がすくとティータイム。高校の寮にも魔法瓶が部屋にあって、ボイラーのところまでお湯をくみに行っていました。

中国のお茶はいろいろあります。

緑茶は杭州の龍井《ロンジン》が名産地。龍井緑茶の新茶は清明節のころですが、その清明節前に摘んだ一番茶は、明前茶《ミンチエンチアー》と呼ばれて珍重されます。

烏龍茶では福建省の武夷山《ウーイーシアン》の岩茶《エンチアー》、安渓《アンシー》の鉄観音《ティエグアンイン》が有名です。高価なお茶で成分も強いところから、功夫茶器《ゴンフーチアーチー》と呼ばれるままごとのような小さい茶碗で飲みます。

北京や東北地方などの寒いところで、いちばん飲まれているのはジャスミン茶です。冬の長い北方では、お茶の香りで花の季節を想像してすごすのでしょう。

ジャスミン茶はその名のとおり、ジャスミンの花の香りが気持ちよく、食事のときもティータイムもジャスミン茶という人はたくさんいます。でも、一日に何杯も飲むのであまり濃くいれません。カフェインがあるので、子どもには大人が二回くらい飲んだあとの茶葉でいれたものを飲ませています。

ジャスミン茶の茶葉は春に摘みますが、ジャスミンの花は夏の花。春に摘んだ茶葉を夏まで保存しておいて、摘んだばかりのジャスミンの花を茶の上に敷きつめて香りを茶葉に移します。よいジャスミン茶は、この作業を四回ほどくり返して、香りをたくさん移します。よく茶葉に花が混じっているのをみかけますが、あの花は看板みたいなもので、香りとは直接は関係ありません。むしろ上等なジャスミン茶には花は加えないくらいです。ジャスミン茶の新茶は九月、そして空気の乾燥する冬にいちばん飲まれます。

お茶はもともとは薬です。解毒や利尿作用のほかにも、体に有効な成分が豊富なので、中国人は一日に一リットルも飲んでしまいます。

よく烏龍茶を飲むから中国人はスマートだと言われますが、たしかに烏龍茶に含まれるポリフェノールが、脂肪をエネルギーに変える働きをするそうです。

美肌には菊茶、緊張をやわらげ集中力を高めるジャスミン茶、新陳代謝を活発にし糖尿病にも効果のあるプーアール茶、アレルギー性鼻炎に甜茶《ティエンチアー》、目に効く苦丁茶《クーディンチアー》と、どのお茶も効能にすぐれていて、だれもが自分の症状にあわせて愛飲しています。もっとも菊茶、甜茶や苦丁茶は薬効から茶といわれますが、茶ではありません。

お茶うけには西瓜やかぼちゃの種、松の実やピーナッツなどのナッツ類、山査子《さんざし》や杏子などのドライフルーツをつまみます。どれも食物繊維が豊富です。

最近は自分の体調にあわせてお茶をブレンドして飲む人、ペットボトルのお茶を持ち歩く若い人、茶館に入ってカフェ・オ・レを楽しむ人と、お茶とのつきあい方も多様になってきました。

夫は私の実家のそばにあるシャングリラホテルのティールームが好きで、北京に帰ったときは必ず行き、珈琲を楽しんでいます。こういう私も、家では中国茶ですが、もう一昔前の人たちとは違うかもしれません。時代は確実に変わっていきます。

北京っ子にとって冬のジャスミン茶と同じようなものに、きんかんがあります。市場に柑橘《かんきつ》類が並びはじめると、どこの家もきんかんを箱で買っていきます。甘酸っぱい、いい香りのきんかんは、冬の間中、かごに盛られます。

学生時代、外出しようとすると、母が持っていきなさいと二、三個、持たせてくれました。ビタミンCがあるから、これをかじっていると風邪をひかない、というわけです。たしかに外に出て、口に含んでいると風邪も入りこむスキがない気がします。

中国のオフィスで働いていたときも、ちょっと咳をしようものなら、同僚がさっと引き出しからきんかんを出してくれました。それをマグカップのなかに入れてお湯を注ぎます。一日に何回もお湯をさして飲み、最後にすっかりエキスが出てしまったら食べてしまう。どこでも見られる光景。冬になるとオフィスの中はきんかんの香りに包まれます。

いまでも暗示にかけられたように、風邪を引きそうになるとお茶にきんかんを入れて飲みます。とてもいい香りがします。でも、東京はきんかんが高いのが悩みのたね。

いつか庭つきの家に住むことがあったら、自分できんかんを栽培してみようかしら、そんなことを考えるのもお茶の時間の楽しみです。

付録　北京家庭料理レシピ

（口絵の料理の作り方）

＊材料は明記なしは4人分

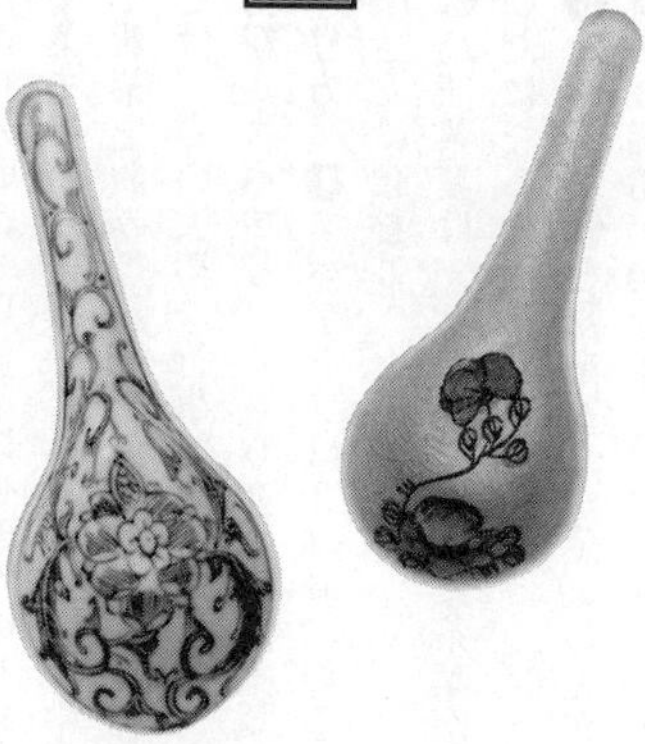

緑一色の春野菜のあえもの

春がきたことを食卓が教えてくれる一品。

材料　グリーンアスパラガス4本、スナックエンドウ100g、ブロッコリー1株、グリンピース50g、セロリ1本、塩小さじ1/3、こしょう少々、ごま油大さじ2

作り方　❶グリーンアスパラのかたい部分はピーラーで薄く除いて、1cmに切る。スナックエンドウはすじをとり、1cmに切る。セロリは縦横1cmに切る。ブロッコリーは房が同じ大きさになるように切る。

❷グリンピース、グリーンアスパラ、セロリ、スナックエンドウ、ブロッコリーの順にそれぞれ湯通しをして水にさらし、水気をよくきる。

❸❷をすべて同じボールに入れて合わせ、塩、こしょう、ごま油であえる。

新茶のスペアリブ蒸し

口の中に広がるお茶の香りがさわやか。さっぱりとした風味です。新茶を使うとさらに香りのいい、烏龍茶《ウーロンチャ》排骨《パイグウ》がたのしめます。茶葉までがおいしいごちそうです。中国では新茶を飲み、新茶を使った料理を作ることは、春の大切な行事です。

材料　スペアリブ600g、烏龍茶葉30g

作り方　❶スペアリブは3cm幅に切る（肉屋さんに頼む）。

❷烏龍茶葉は一度熱湯にかけ（茶葉がひたひたになる程度）、戻す。

❸せいろに❶と❷を並べ、蒸気の上がった鍋にのせ25〜30分蒸す。お好みで岩塩や酢じょうゆ（酢1、しょうゆ2、ごま油1の割合）などをつけて食べる。

たけのことそら豆の冬越し漬け物の炒めもの

春の恵みと発酵した漬け物の滋味が絶妙なハーモニー。大好きな料理です。

材料　たけのこ（ゆでたもの）２００g、そら豆１５０g（サヤから出した正味）、野沢菜１００g、ねぎの薄切り10cm、酒大さじ1、塩一つまみ、サラダ油大さじ2

作り方　❶たけのこは1cm幅のくし切りにする。そら豆をむき、野沢菜は0.5cm幅に切り、水気を絞る。

❷中華鍋にサラダ油を熱し、たけのこを入れて中火でこげ目がつくくらいまで炒め、そら豆も加えて、色が変わるまで炒める。ねぎと野沢菜を炒め合わせ、野沢菜漬けの香りが出たら酒、塩で味を調える。

千切りキャベツと新玉ねぎ、貝のスープ

材料　春キャベツ½個、新玉ねぎ½個、あさり３００g、小貝柱50g、赤貝１００g、酒大さじ3、塩小さじ½、こしょう少々、水5カップ、サラダ油大さじ2

作り方　❶春キャベツと新玉ねぎは千切りにする。あさりは砂抜きして、よく洗う。

❷鍋にサラダ油を熱し、新玉ねぎを入れて炒め、香りが出て、しんなりしてきたら、あさりを入れ、酒を加えてふたをする。1～2分蒸し煮にして、あさりが開いたら小貝柱、赤貝も入れて炒め合わせ、水を注いでふたをして沸騰させ、アクを取り除く。

❸❷を塩・こしょうで味を調え、キャベツを加えて再び沸騰したら火を止める。

にんじんとマンゴーのサラダ

マンゴーは夏の代表的な果物。口の中に広がる花椒のスパイシーな香りが食欲をそそります。デザートとしてもたのしめます。

材料　にんじん2本、マンゴー1個、花椒30粒、塩小さじ⅓、サラダ油大さじ2

作り方　❶にんじんの皮をむき千切りにし、さっと湯通しをして、水にさらし、水気を絞る。

❷マンゴーは皮をむき、薄切りにする。

❸❶と❷をボールに入れ、塩を入れてあわせておく。

❹鍋にサラダ油を熱し、花椒を入れて香りが出たら❸にかけてあえる。

夏野菜の煮物

材料　なす4本、ズッキーニ2本、かぼちゃ¼個、トマト2個、にんにく3かけ、固形スープの素1個、塩小さじ⅓、こしょう少々、サラダ油大さじ4

作り方　❶なすはところどころ皮をむいて、乱切りにする。ズッキーニは1.5㎝の輪切りにする。かぼちゃは皮と種を除いて一口大に切り、トマトは皮をむき、乱切りにする。

❷鍋にサラダ油を熱し、たたいたにんにくを入れて香りを出す。なす、ズッキーニ、かぼちゃを入れて油をなじませ、トマトも加える。

❸❷に固形スープの素を入れ、ふたをして弱火で10分煮てから、水分を飛ばすように火を強くし、塩・こしょうで味を調える。

とうもろこし、枝豆、ベーコン入りのチャーハン（2人分）

材料　とうもろこし½本、枝豆50g、ベーコン2枚、ご飯茶碗2杯分、鶏ガラスープの素小さじ⅓、塩小さじ¼、こしょう少々、サラダ油大さじ2

作り方　❶とうもろこしは包丁でこそげ取り、枝豆は固ゆでにしてさやから出し、ベーコンは0.5㎝幅に切る。

❷鍋にサラダ油を熱し、ベーコンを入れて炒め、香りが出たら、とうもろこしを入れて、火を通すように炒め、枝豆も加えて炒め合わせたら、ご飯を入れ、すぐに塩を入れて炒める。鶏ガラスープの素、こしょうで味を調える。

＊塩は早く入れたほうが、ご飯がほぐれやすくなる。

野菜カレー＆果物カレー

材料　●ルー　バター50g、玉ねぎみじん切り1個分、小麦粉大さじ3、カレー粉大さじ5、A（水1½カップ、牛乳1カップ、りんごすりおろし1個分、塩小さじ1）

作り方　●野菜カレー　いんげん100gは3㎝に、オクラ8本は縦半分に、ピーマン2個は種を除いて一口大に切り、サラダ油で炒める。きゅうり1本は縦に4等分にし、種を除いて1㎝に切る。野菜をご飯の上にのせて、ルーをかける。

●果物カレー　パイナップル100g、アボカド1個、キーウィ1個、桃1個、メロン½個にレモン汁大さじ1を絞り、ご飯に。

●ルー　バターと玉ねぎを鍋に入れて炒め、色が変わったら小麦粉とカレー粉を入れ、Aを加えて沸騰させる。

えび、エリンギ、ぎんなんの炒めもの

ぷりぷりの食感がたまらない。

材料　むきえび150g、エリンギ2本、ぎんなん50g、酒大さじ1、鶏ガラスープの素小さじ⅓（水50ccで溶く）、塩小さじ¼、片栗粉小さじ1（水大さじ1で溶く）、サラダ油大さじ1½

作り方　❶むきえびはよく洗い、背わたを除いて、湯通しして、水気を切る。エリンギは一口大の乱切りにする。

❷鍋にサラダ油を熱し、エリンギを入れて油がなじむように炒めて、しんなりとしたら、ぎんなん、むきえびも加えて酒、スープを加えて煮たたせ、塩で味を調え、水溶き片栗粉でとろみをつける。

きのこ鍋

材料　干ししいたけ4枚、きくらげ10g、えのき1袋、なめこ1袋、しめじ1袋、生しいたけ8枚、舞茸1パック、鶏もも肉1枚、酒大さじ4、こしょう粒10粒、水6カップ

作り方　❶干ししいたけ、きくらげは水で戻し、干ししいたけは半分に、きくらげは一口大に分けておく。

❷鶏もも肉は一口大に切ってゆでこぼし、鍋に戻して酒、こしょう粒、水を加えて火にかけ沸騰させ、❶を加えて30分煮る。

❸❷に食べやすい大きさに切った、すべてのきのこを入れて、さらに7、8分煮る。アクは除く。

＊岩塩と豆板醬をつけて食べます。

黒米と栗入りの炊きこみご飯

中国では黒米のことを紫米といいます。

材料　米2合、黒米1合、栗（むいたもの）100g、塩小さじ⅓、水640cc

作り方　❶米、黒米は別々にといで、水気を切る。

❷鍋に❶と栗、塩、水を加えて普通に炊く。

梨とレモンの氷砂糖煮

コラーゲンたっぷりの白きくらげのエキスがたっぷりとけこんだシロップで美肌に。冷やしてもおいしい。

材料　梨2個、レモン1個、氷砂糖50g、白ワイン½カップ、白きくらげ10g、水1カップ

作り方　❶白きくらげは水で戻し、一口大に分けておく。

❷鍋に水と❶を入れて火にかけ、ふたをして、沸騰したら弱火で20分煮る。梨は皮をむき、種を除き、6等分にし、氷砂糖、輪切りにしたレモン½個分を加えて、さらに20分煮る。

❸煮汁をとりわけ、強火にして水分を飛ばし、½個のレモン汁を加えて、❷にかける。

れんこん、えのき、カリフラワーのからしあえ

いろいろな野菜でからしあえをどうぞ。

材料 れんこん100g、えのき1パック、カリフラワー1個、たれ――からし大さじ½、塩小さじ⅓、砂糖小さじ1、ごま油大さじ2

作り方 ❶れんこんは皮をむいて薄切りにする。えのきは石づきをとり、細かくする。カリフラワーは一口大にする。❷湯を沸かし、カリフラワー、えのきの順に別にゆでて、水にさらして水気をよく切る。同じ湯に酢（湯の3％）を入れてれんこんを5分ゆで、水にさらして水気をきる。❸たれの材料をあわせ、❷とあえる。

ねぎ、大根、ゆり根、山いもの牛すね肉スープ

大地の恵みのスープ。コクがあって、疲れているときに飲むと元気がでます。

材料 牛すね肉200g、ねぎ1本、ゆり根1個、山いも100g、大根300g、酒大さじ2、こしょう粒10粒、水6カップ、塩小さじ1

作り方 ❶牛すね肉は1.5㎝角に切り、湯通しをして、ざるにあげておく。❷鍋に❶と酒、水、こしょう粒を入れ火にかけ沸騰させ、弱火で蓋をして1時間煮る。❸ねぎは3㎝のぶつ切り、山いも、大根は1㎝角切り、ゆり根は分けておく。❹❷にねぎ、大根を入れて10分煮て、山いも、ゆり根も加えて、さらに3、4分煮て、塩で味を調える。

白菜、昆布、鶏肉だんごのスープ煮

材料 白菜1/4株（3cm幅に切る）、昆布30g（おでん用のものでも）、塩小さじ1、水7 1/2カップ、酒大さじ2、だんご（鶏ひき肉250g、酒大さじ1、こしょう少々、しょうゆ大さじ1、オイスターソース小さじ1、にんじんのみじん切り50g、ねぎの青い部分のみじん切り5cm分、片栗粉大さじ2、ごま油大さじ1）、みかんの皮1/3個分、ごま少々

作り方 ❶だんごの材料をあわせて12個にまとめ、ごまをまぶしておく。❷鍋に水、昆布、酒を入れ、火にかけ、沸騰したら弱火で5分煮る。❶を入れて10分煮て、白菜も加えてしんなりしたら、塩を入れ、千切りにしたみかんの皮を散らす。

豆腐、かぶの梅干し炒め

どんな食材とも相性のいい豆腐はよく食卓にあがります。すっぱい梅干しが苦手な人もお試しあれ。

材料 木綿豆腐1丁（300g）、かぶ4個、梅干し2個（塩分5%のもの）、こしょう少々、酒大さじ2、サラダ油大さじ2

作り方 ❶木綿豆腐は水気をしっかり切り（1/3のかさになるくらい）、1cm角に切る。かぶは皮を薄くむいて1cm角に切る。梅干しは種を除く。❷鍋にサラダ油を熱し、豆腐を入れてこげ目がつくくらいまで炒め、かぶも加えてしんなりとしたら、梅干しで味を調え、酒とこしょうで香りをつける。

おわりに

いまの私の日常は、車を運転している感覚に似ています。それも若葉マークで。若葉マークの運転者は前を見るだけで精一杯。後ろに注意を払う余裕はありません。フロントガラスに展開する目まぐるしい景色の変化に合わせて、ハンドルを汗ばんだ手で右に切り、左に切り。これがいまの私の日常です。

私は料理家として初心者であることはもちろんですが、それと同時にプロとしての自覚がありません。なぜなら私は料理の専門家になるために学校へ行ったこともないし、誰かに習ったこともないからです。いや、作ったことすらほとんどなかった。

料理を仕事にしはじめて三年目ぐらいでしたか、それまで勢いだけでやってきた仕事に行き詰まりを感じたことがあります。私は料理の専門家ではないんだ、プロではないんだ、そんな思いに打ちひしがれました。そのときにふと思いました。

——そう、たしかに私は料理ではプロではないかもしれないけど、大学で人に教えることは勉強したことがある、と。

料理家としてはプロではないけど、ひょっとしたら料理を教えることではプロになれるかもしれない。そう考えたのです。それからの私は、いいレシピを考えるのと同じように、いやそれ以上に人に教えることを大切に考えてきました。どう説明したらおいしく作れるのか、どうレシピを工夫したら失敗しないで作れるのかを。

私はいまでも、これからも料理の作り手としては、北京で生まれ育った一人の女性にすぎません。そんな私の作る料理でよければ、精一杯お教えしてみたい。

世の中というのは不思議なものです。そんな考えでいる私にうってつけの機会が訪れるのですから。

それは本文でもふれた北京のサロンのことです。北京の日本の主婦に北京の料理をお教えする、そんなことになるとは夢にも思いませんでした。これを発展させれば、北京オリンピックが開かれるころには、北京っ子たちにも日本のおいしい魚料理やご飯料理を教える機会が訪れるかもしれない。それは考えるだけでも楽しい光景です。

いまはまだフロントガラスにその景色は見えません。でも、このカーブを曲がり、その先のトンネルをくぐれば、きっと目の前に広がることでしょう。

岩崎書店の田辺三恵さんの、絶大なお力添えがなかったら、この本は誕生しませんでした。デザイナーの渡辺真知子さんには素敵な装幀とレイアウトをいただきました。お名前をあげて心からの感謝を表したいと思います。

二〇〇四年　初秋

ウー・ウェン

文庫版あとがき

二〇〇四年にこの本を出版して、十七年が経とうとしています。本の中でも触れていますが、北京で夏季オリンピックを開催したのは、本の発売から四年後の二〇〇八年のこと。そしてこの文庫版が出版された二〇二一年には東京で夏季オリンピックが開催され、二〇二二年の二月には再び北京で冬季オリンピックが開かれようとしています。時間が経つのは本当に早いものです。

この本の「はじめに」の中でも予想していましたが、この十七年で北京は本当に大きく変わりました。私は、一九九〇年に日本に来て以来、年に何回か必ず里帰りをしています（残念ながら、新型コロナウイルスの流行でしばらくは帰れていませんが）。そのたびに街の景色や人びとの暮らしぶりが目に見えて変わっていて、変化のスピードには本当に驚かされます。私が住んでいた頃の北京とはまるで別の街のようです。

たとえば、ご存じの方も多いかもしれませんが、現在の中国ではデジタル技術がかなり発展しています。私は流行には敏感なほうなので、東京では初代の頃からiPhoneを使っていましたが、年に数回の北京への里帰り用にはガラケーで十分と思っていました。ところが数年前のある年、自分がまったく時代遅れの〝原始人〟のようだと気づいたのです。お店はどこもかしこも、ちょっとした屋台だってスマホでの電子決済が当たり前だし、当時七十代だった母でさえネットで毎日買い物をしていて、私よりもはるかに〝現代人〟なのです（見かねた友人にiPhoneをプレゼントされ、私も何とか買い物ができるくらいには進化しました……）。現在の中国では、スマホがなければ生活をしていけません。だから、本質的にはアナログが好きな私は、日本のほうが居心地がいいのです。

そして、その変化は食の分野にも及んでいます。たとえば北京でレストランに行くと、さまざまな変化に気づきます。タブレットで注文し電子決済ということはもちろんですが、それだけでなくお店の雰囲気も料理の味も変わっているのです。

私は、北京に行くと、新しい店を開拓するより、以前訪れたレストランを再訪することを好みます。すると、同じ店のはずなのに、内装がスタイリッシュになっていたり、お皿の盛りつけ方が変わっていたりすることに気づきます。見た目がとても重視されるようになっているのです。洗練されたインテリアや大きな皿に小さく盛りつけられた料理は写真映りがいいので、ＳＮＳにも投稿しがいがあるのでしょう。多くの若者を引きつけているようです。

しかし、中国料理ではもともと「お皿いっぱい」に料理を盛りつけてもてなすのがいいとされていました。ですので、最近のお店のようにお皿にちょこんと盛られた料理は美しいかもしれませんが、おもてなしとしては不十分のように感じてしまいます。これが時代の変化というものなのでしょう。

また、料理の味も変わってきたように思います。ひと言で言えば、とても食べやすくなった（これは「おいしさ」とは別のものです）。この変化には二つほど思い当たる理由があります。

一つは、野菜など素材がよくなったということ。これはとてもよいことです。もう一つは、外食が日常化したということ。私が北京で暮らしていた頃は、外食は特別な時だけ、年に数回という感じでした。しかし、いまは多くの人が気軽に外食をするようになりました。そのため、お店はハレの日の「特別な味」を出すというよりも、万人受けする味を出すようになったのではないかと思います。どれもおいしいし悪いわけではないのですが、店ごとの個性がなくなってしまっているのです。

私は北京に帰ると、勉強もかねて数軒のレストランを訪れるようにしていますが、同じような味、同じような食べやすさの店が多くなったと感じます。伝統的な料理を出す老舗の店でも同様で、店の数自体も減っていますし、残っている店でも流行に左右されて他の店と同じようなメニューになっていたり、看板メニューの味が変わってしまっていたりします。そのような変化にはわくわくするものもありますし、変化自体は悪いことではないのですが、少し寂しくも思います。わざわざその店に足を運んだ意味がないということですから。

しかし、一方で変わらないこともあります。この本で伝えたかった中国の医食同源の知恵については、いまも脈々と生き続けています。嬉しいことに、こんなことがありました。娘を連れて北京に里帰りした際、道端の出店で、その場で炒ってもらった銀杏《ぎんなん》がとてもおいしくて、私と娘は歩きながら夢中で食べ続けていました。その時、一緒にいた娘よりも若いティーンエイジャーの甥っ子が、「銀杏は五個以上食べてはだめだよ。食べ過ぎは体に毒だから」と言ったのです。たしかに銀杏には、摂取し過ぎると中毒を起こす成分が含まれています。彼はそれを小さい頃から聞いて育ち、自然と口から出たのでしょう。中国では年々、若い人を中心に自炊しない人たちが増えていますが、一方ではこんなふうに、若い世代にも伝統的な知識が今も根づいています。見た目が変わっても、変わらない部分もあるのです。

ところで、本書において大切なもうひとつの都市、東京の台所事情についてはどうでしょう。その後、大きく変わったでしょうか。私には、今の東京は来日した三十年前に比べて、ますます魅力的になっているように感じています。

まず、生産者の努力や流通や保存技術などの発達によって、日常で手に入る素材の種類が増え、味も格段においしくなりました。そのため調理法も、昔以上にシンプルでよくなり、私のレシピも素材本来の味を生かすことで、使う調味料がどんどん少なくなりました。

また、さまざまなものの嗜好もシンプルになってきている気がします。中国は現在ゴージャスなものを好む傾向にありますが、日本はすでにそのような時代は過ぎて、落ち着いてきたように思います。これは、私にはとても居心地がよいです。

さて、そんな中で変わらないのが、わが「ウー・ウェン　クッキングサロン」の活動です。ここで教える料理は、素材の変化に合わせて多少のアップデートはしているものの、基本的には変わっておらず、今後も変えるつもりはありません。〝家庭料理〟というとても大事なことを教えているので、変わりようがないのです。先ほどレストランの変化について述べましたが、それはある意味、娯楽のようなものですから変わってもかまいません。しかし、家庭料理は人間の体をつくるための根幹に関わるもの。けっして変わってはいけないと思います。

現在、北京でのクッキングサロンの開催は、残念ながらコロナ禍でできていませんが、私はこれからも東京と北京での活動を通して、中国の食、暮らし、人について、活きた情報を伝えていきたいと思っています。

近年、日本と中国の間の話題といえば政治や経済の話ばかりで、文化や人の交流は後回しになっているように感じます。交流とはお互いを知ること。これは本当に大切なことですし、それを望む人は日中両国にたくさんいます。実際、中国の食や文化について知りたいと、多くの方が新たにクッキングサロンの扉をたたいてくださっており、その数は年々増えています。

分断ではなく、交流し、つながっていくことが何より大切です。そのような意味でも、この本の文庫化はたいへん喜ばしいことです。そして、私はこれからも変わらず、日本と中国の人びとがお互いを理解するための活動を続けていきたいと思います。

最後に、皆さんが元気でありますように。まだまだこの先何があるかわかりませんが、健康であれば何とかなります。あまり悩まず、身体のことだけを考えてください。健康をつくるには食べものがいちばん大事です。よく食べて、また元気な姿でお会いしましょう。

ウー・ウェン

二〇二一年　盛夏

解説　ファミリーヒストリーとレシピ

木村衣有子

ウー・ウェンさんの本はたいていが静かな明るさのある装丁で、それゆえに、本屋の店頭に並べられたとき、こちらの目を引き付ける。昨年刊行された『料理の意味とその手立て』もそうだった。

そのクリーム色のカバーにくるりと巻かれた帯には「もやし炒めは　ごちそうです。」との一文がある。正直言って、もやしといえば私が第一に思い浮かべるのは、安価であること。だから、つい気安く扱われがちな野菜だけれど、ちゃんと大事に食べましょう、という意図から発された言葉だろうと思い込んでいた。けれどそれは間違いだった。ウーさんにとって、もやしは特別な野菜なのだと、この『北京の台所、東京の台所』で知った。

値段や滋養、そして味を語る前に、食べる理由がある。春節という季節の行事には、もやしが欠かせないのだった。

「春餅とは小麦粉を薄くのばして焼いた薄餅で、さっと炒めたもやしを包んで食べるものです。もやしは、去年から食べ続けてきた保存野菜に別れを告げる、新鮮なとれたての野菜の象徴です」

もやしの、足が早いという最大のウィークポイントも、フレッシュさの象徴であると知ればなるほど納得がいくというもの。

『北京の台所、東京の台所』はウーさんの半生記である。二十代の終わりまで、料理を仕事にするなんて思いもよらなかったという来し方が辿られる。

ティーンエイジャーの頃のエピソードには、家事の手伝いをするよりももちろん勉強が優先の家庭の方針、ほうれん草の辛子和《からしあ》えのためにとお母さんに頼まれて辛子を練るのもいやで仕方なかった思い出などが記されている。

なのになぜ、料理研究家という仕事をはじめたのだろう。最大にして最高のきっかけは、グラフィックデザイナーとして料理の本に深く関わる仕事をしていた人との結婚だった。

この本にもたびたび登場するウーさんの夫の「林サン」には、ウーさんと出会う十年前に、料理の本をつくるために中国に滞在していた時期があると私が知ったのは、『私の好きな料理の本』という一冊からだった。スタイリストの高橋みどりさんが、身近な人や料理に関する仕事をする人たちに、愛用している、もしくは自らが手がけた料理本について話を聞きに出向くという趣向で、戦前からごく最近までの定番の料理本カタログとしても堪能できる面白い一冊だ。その中に「ウー・ウェンさんの強さの源」と題したページがあり、ウーさんの料理研究家としての根っことなった『北京小麦粉料理』が紹介されている。その本の奥付をめくってみると、「構成・デザイン・撮影　林忠」とある。その人だ。小麦粉をこねているウーさんの所作ひとつひとつも、出来上がった料理も全て林忠さんが撮ったもの。きっちりしていて、力のこもった写真。それは小麦粉そのものの力であり、色柄のあざやかなチャイナ服を身にまとったウー・ウェンさんが放つものであり、その姿を見つめる林さんの眼の力でもあるはず。見て見て！　こんなにも素敵な人を見て‼　という直球のメッセージが、めくっているこちらにたしかに届く。

『北京小麦粉料理』でレシピの柱となっているのは「日本中どこでも手に入る、いちばん一般的な粉、夜中に作ろうと思い立ったらコンビニでも買える」ような二〇〇グラムの小麦粉である。ウーさんが林さんとのあいだに一男一女を成して間もないときに、雑誌に載せるために小麦粉料理のレシピを出してと頼まれて、試作を繰り返した結果、これと定めた重さだった。

今年、時流に合わせ、小麦粉の分量を半分に減らした『ウー・ウェンの100gで作る北京小麦粉料理』が刊行された。二十年前の本と比べてみて違っているところといえば、小麦粉と水を合わせるときに使うボウルがガラス製からステンレス製のものに代わっていることだ。調理道具おたくとしては新潟は燕《つばめ》の「conte」のボウルだろうとみるがどうだろう。そして、ウーさんがまとっているのはチャイナ服ではなくエプロンで、人の姿そのものはそんなにくっきり見えないように、一歩引いて写真が撮られている。

二十年のあいだに移り変わった事柄を挙げはじめればきりがない。

この本のまえがきには「経済大国の日本と、人口大国の中国の間にはいま、大国同士、譲りあえないことが山積しているようにみえます」とあった。今はもはや大国同士とはいえない。経済面において、日本の存在感はずいぶん小さくなり、中国はそのぶん大きくふくらんだ。

『私の好きな料理の本』を読むと、林さんは、今皆さんが手に取っているこの文庫本が、十七年前に『東京の台所　北京の台所』というタイトルの単行本として刊行されたのとほぼ時を同じくしてこの世を去ったのだと分かる。

「主人とはとても年が離れていたんです。69歳で亡くなったんですが、亡くなるちょっと前、僕は君にべつに長生きしてほしいとは思ってないって言ったんです。僕は人の倍くらい食べたし生きたから、君も全部やり尽くしたと思ったら来なさい、って」、ウーさんは『私の好きな料理の本』の中でそう語っている。

新婚時代のウーさんは基本的には北京仕込みの家庭料理をこしらえていたそうだ。

「私たちは同じ東アジアに生きてきた者同士、西欧人とアジア人の国際結婚に比べれば、少なくとも食に関しては問題はない、結婚前まではそう楽観的に考えていました」

そんなにざっくりと！　と、心構えの鷹揚さに驚かされるのだけれど、大陸的なものの考えかたもあるのか、それとも単に性格の差なのだろうか。でも、日本国内の西と東とでも、基本の味付けは違っているというのに、いわんや北京と東京をや。

この本では、登場する人の名前はイニシャルで表記されるなどして明示されないのが基本である中、唯一フルネームで、その頃のエピソードをいろどっているのは、ウーさんのために築地市場で鰹節削り器を選んでくれたという、料理研究家の野口日出子さんである。

ウーさんは、日本の食べものの中では味噌汁をとりわけ気に入り、鰹節を削るところからはじめて丁寧につくっている、とある。味噌にはあまりこだわるほどの知識はないと謙遜し、使っているのは「ふつうの信州みそや仙台みそ」と書いている。とても東京らしい味噌選びだな、と思う。

野口さんがウーさんにとって和食の案内人となってくれていたことは、カレイの煮付けのエピソードからもわかる。林さんとそう年齢も変わらない野口さんは、三十代の頃には「四川料理の父」といわれる陳建民に師事していたそうで、通じ合うところがあったのだろうと想像してみる。

そういえば、北京と東京の味覚の違いはえがかれていても、林さんとのジェネレーションギャップについては全くといっていいほどふれられていない。

中国で一九六六年から十年のあいだ続いた「文化大革命」は、一九六三年生まれのウーさんがほんの幼いときからティーンエイジャーになるまでの出来事である。幼心に経験したその混沌は、ウーさんよりもおよそ三十年早く生まれているから、少年時代に第二次世界大戦を経験しているはずの林さんの来し方と重なるところがあるのかもしれない。抗う力を持たない年頃に、時代の大きなうねりに巻き込まれた記憶を持つもの同士として、世代はそれほど高い壁ではなかったのかもしれない、あくまでも私の推察に過ぎないけれど。

文化大革命の十年をウーさんはこう述懐している。

「私より十歳年下の人はこの苦労をあまり知らない。でも、私より十歳年上の人はもっと大変だったと聞きます」

そう、時代と人生は決して切り離すことができないから。

「あの大変さを経験していなければ、なにも考えずに母が作った料理をただ食べていただけで、いまの仕事はできなかったと思います」

「あの大変さ」の渦中にあった母の味として、トウモロコシの粉でこしらえた三角錐で底面に凹みのある蒸しパンのような「窩頭《ウワトウ》」が登場する。この二文字には見覚えがあった。一昨年読んだ、ウーさんより五、六歳年下の北京の文筆家、崔岱遠《さいたいえん》さんの食エッセイ集『中国くいしんぼう辞典』には、自家製の窩頭を食べたことがある子供は今や少ないのでは、とあったのを思い出す。数十年さかのぼれば、北京の豊かでない人の主食として窩頭はとてもポピュラーだったとも。底の凹みが深いほうが火通りがよいことや、西太后が窮地に陥ったときそのおいしさに感じ入ったエピソードだとか、漬物を添えたり、包丁で切って、刻み葱《ねぎ》と干しエビと一緒に炒めて「炒窩頭《チャオウワトウ》」にしたりして食べられていたなど、取り上げられている食べものの中でもとりわけ興味深いエピソードが積み重ねられていたもので、おぼえていたのだ。

ウーさんは「炒窩頭」はお母さんの好物で、ウーさんを身ごもっていたあいだによく食べたと聞かされたと振り返っている。

北京は、日本でいうと岩手は盛岡と同じく北緯四〇度に位置している。北京には、というよりそもそも中国には行ったことのない私だけれど、盛岡には友人がおり馴染みのある土地なので、体感したその気温を重ねてみれば、蒸したての窩頭から上がる甘く芳しい湯気はどんなにうれしいだろう。

中国では、母方の祖母は「姥姥《ラオラオ》」と呼ばれるそうで、ウーさんが十歳に満たない頃に一緒に過ごしていた姥姥とのエピソードにとてもぐっときてしまうのは、私が生粋のおばあちゃんっ子だったせいもある。ウーさんは姥姥の料理をこう思い返している。

「私に作ってくれた料理は、なんということのない野菜の炒めものにしてもみんなおいしかった。いま私が東京で作っているレシピは母ゆずりのものや、見聞のなかから生まれたものがほとんどですが、料理の仕上がりのイメージみたいなものには、そのころ祖母が作ってくれた、なにかやさしい、おいしそうな感じを表現したいと思うのです」

姥姥と身近に過ごせた時間はそう長くはなかったそうだけれど、ウーさんの根っこはそこにあるのがわかる。

料理研究家とは、ファミリーヒストリーをレシピというかたちに練り上げ、遠方にいる人にまで届けることができる仕事であることに、あらためて感じ入る。

本書は、二〇〇四年十一月に岩崎書店より刊行された『東京の台所　北京の台所』を改題し、文庫化したものです。

単行本編集協力　林忠（リン・ウープランニング）
章扉写真　今井裕治／章扉デザイン　tetome

中華料理の文化史　張競

フカヒレ、北京ダック等の歴史は意外に浅い。ではそれ以前の中華料理とは？　孔子の食卓から現代まで、風土、異文化交流から描きだす。（佐々木幹郎）

味見したい本　木村衣有子

読むだけで目の前に料理や酒が現れるかのような食の本についてのエッセイ。古川緑波や武田百合子の食卓。居酒屋やコーヒーの本も。帯文＝高野秀行

大好きな野菜 大好きな料理　有元葉子

この野菜ならこの料理！　29の野菜について、味の方向や調理法を変えたベストな料理を3つずつご紹介。あなたの野菜生活が豊かに変わります。

ちゃんと食べてる？　有元葉子

元気に豊かに生きるための料理とは？　食材や道具の選び方、おいしさを引き出すコツなど、著者の台所の哲学がぎゅっとつまった一冊。（高橋みどり）

くいしんぼう　高橋みどり

高望みはしない。ゆでた野菜を盛るくらい。でもごはんはちゃんと炊く。料理する、食べる、それを繰り返す、読んでおいしい生活の基本。（高山なおみ）

諸国空想料理店　高山なおみ

注目の料理人の第一エッセイ集。世界各地で出会った料理をもとに空想力を発揮して作ったレシピ。よしもとばなな氏も絶賛。（南椌椌）

母のレシピノートから　伊藤まさこ

ロールキャベツやゆで卵入りのコロッケ……家族のために作られた懐かしい味の記憶とレシピ。文庫化にあたり、さらに新たな味わいを大幅加筆。

味覚日乗　辰巳芳子

春夏秋冬、季節ごとの恵み香り立つ料理歳時記。日々のあたりまえの食事を、自らの手で生み出す喜びと呼吸を、名文章で綴る。（藤田千恵子）

魚味求真　関谷文吉

稀代の名人、紀文寿司四代目・関谷文吉氏が遺した究極の魚食エッセイ。本気で美味い魚を食べたいなら本書を読むべし！（カラペティバトゥバ　長雄一）

買えない味　平松洋子

一晩寝かしたお芋の煮っころがし、土瓶で淹れた番茶、風にあてた干し豚の滋味……日常の中にこそある、おいしさを綴ったエッセイ集。（中島京子）

これで古典がよくわかる　橋本治

古典文学に親しめず、興味を持てない人たちは少なくない。どうすれば古典が「わかる」ようになるかを具体例を挙げ、教授する最良の入門書。

恋する伊勢物語　俵万智

恋愛のパターンは今も昔も変わらない。恋がいっぱいの歌物語の世界に案内する、ロマンチックでユーモラスな古典エッセイ。（武藤康史）

倚りかからず　茨木のり子

もはや／いかなる権威にも倚りかかりたくはない……話題の単行本に3篇の詩を加え、高瀬省三氏の絵を添えて贈る決定版詩集。（山根基世）

茨木のり子集　言の葉（全3冊）　茨木のり子

しなやかに凛と生きた詩人の歩みの跡を、詩とエッセイで編んだ自選作品集。単行本未収録の作品なども収め、魅力の全貌をコンパクトに纏める。

詩ってなんだろう　谷川俊太郎

谷川さんはどう考えているのだろう。その道筋にそって詩を集め、選び、配列し、詩とは何かを考えるおおもとを示しました。（華恵）

笑う子規　正岡子規＋天野祐吉＋南伸坊

「弘法は何と書きしぞ筆始」「猫老て鼠もとらず置火燵」。天野さんのユニークなコメント、南さんの豪快な絵を添えて贈る愉快な子規句集。（関川夏央）

尾崎放哉全句集　村上護編

「咳をしても一人」などの感銘深い句で名高い自由律の俳人・放哉。放浪の旅の果て、小豆島で破滅型の人生を終えるまでの全句業。（村上護）

山頭火句集　種田山頭火　村上護編　小崎侃・画

自選句集「草木塔」を中心に、その境涯を象徴する随筆も精選収録し、〝行乞流転〟の俳人の全容を伝える一巻選集！（村上護）

絶滅寸前季語辞典　夏井いつき

「従兄煮」「蚊帳」「夜這星」「竈猫」……季節感が失われ、風習が廃れて消えていく季語たちに、新しい命を吹き込む読み物辞典。（茨木和生）

絶滅危急季語辞典　夏井いつき

「ぎぎ・ぐぐ」「われから」「子持花椰菜」「大根祝う」……消えゆく季語に新たな命を吹き込む読み物辞典。超絶季語続出の第二弾。（古谷徹）

一人で始める短歌入門　枡野浩一
「かんたん短歌の作り方」の続篇。CHINTAIのCM「いい部屋みつかっ短歌」の応募作を題材に短歌を指南。毎週10首、10週でマスター！

片想い百人一首　安野光雅
オリジナリティーあふれる本歌取り百人一首とエッセイ。読み進めるうちに、不思議と本歌も頭に入ってきて、いつのまにやらあなたも百人一首の達人に。

宮沢賢治のオノマトペ集　宮沢賢治　杉田淳子編　栗原敦監修
賢治ワールドの魅力的な擬音をセレクト・解説した画期的な一冊。ご存じ「どっどどどどうど　どどうど　どどう」など、声に出して読みたくなります。

増補 日本語が亡びるとき　水村美苗
明治以来豊かな近代文学を生み出してきた日本語が、いま、大きな岐路に立っている。我々にとって言語とは何なのか。第8回小林秀雄賞受賞作に大幅増補。

ことばが劈《ひら》かれるとき　竹内敏晴
ことばとこえとからだと、それは自分と世界との境界線だ。幼時に耳を病んだ著者が、いかにことばを回復し、自分をとり戻したか。

発声と身体のレッスン　鴻上尚史
あなた自身の「こえ」と「からだ」を自覚し、魅力的に向上させるための必要最低限のレッスンの数々。続ければ驚くべき変化が！　（安田登）

パンツの面目ふんどしの沽券　米原万里
キリストの下着はパンツか腰巻か？　幼い日にめばえた疑問を手がかりに、人類史上の謎に挑んだ、抱腹絶倒&禁断のエッセイ。　（井上章一）

全身翻訳家　鴻巣友季子
何をやっても翻訳的思考から逃れられない。妙に言葉が気になり妙な連想にはまる。翻訳というメガネで世界を見た貴重な記録（エッセイ）。　（穂村弘）

夜露死苦現代詩　都築響一
寝たきり老人の独語、死刑囚の俳句、エロサイトのコピー……誰も文学と思わないのに、一番僕たちをドキドキさせる言葉をめぐる旅。増補版。

英絵辞典　岩田一男　真鍋博
真鍋博のポップで精緻なイラストで描かれた日常生活の205の場面に、6000語の英単語を配したビジュアル英単語辞典。　（マーティン・ジャナル）

ちくま文庫

北京《ぺきん》の台所《だいどころ》、東京《とうきょう》の台所《だいどころ》

——中国《ちゅうごく》の母《はは》から学《まな》んだ知恵《ちえ》と暮《く》らし

二〇二一年十月十日　第一刷発行

著者　ウー・ウェン
発行者　喜入冬子
発行所　株式会社　筑摩書房
東京都台東区蔵前二—五—三　〒一一一—八七五五
電話番号　〇三—五六八七—二六〇一（代表）
装幀者　安野光雅
印刷所　三松堂印刷株式会社
製本所　三松堂印刷株式会社

ISBN978-4-480-43767-9　C0195